KB271480

도시 속 부모를 위한 새로운 교육 이야기

풀빛교육

지은이 | 김용님
펴낸이 | 김원중

편　　집 | 윤예미, 김현정
디 자 인 | 옥미향
마 케 팅 | 김재국
제　　작 | 서　영

초판인쇄 | 2007년 10월 20일
초판발행 | 2007년 10월 25일

출판등록 | 제313-2007-000172호(2007.8.29)

펴 낸 곳 | (주)상상나무
　　　　　도서출판 상상예찬
주　　소 | 서울시 마포구 상수동 324-11
전　　화 | (02)325-5191　팩　　스 | (02)325-5008
홈페이지 | http://smbooks.com

ISBN 978-89-960092-2-1　03370

값 10,000원

도시 속 부모를 위한 새로운 교육 이야기

풀빛교육

김용님 지음 |

상상나무

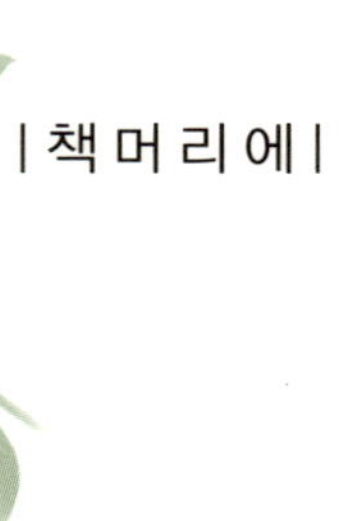

풀빛생명이 스며들다

도심 한가운데서 경영의 걱정 없이 운영하던 교육기관을 과감히 포기하고, 자연에 대한 철학 하나로 자연 속에서 아이들과 어우러진 지 벌써 20년.

돌돌돌, 자연에게 걸음마를 배운 아이들의 웃음이 물소리를 닮아 있다. 싱그러운 바람을 몰고 들어오는 아이들에게서 알 굵은 감자에 잔뜩 묻어나온 흙냄새가 난다. 갓 쪄낸 솔잎 송편 같은 아이들의 호흡, 어느 새 아이들의 온몸에 자연이 차올라 넘실거린다.

자연 속 아이들의 모습만큼 활기찬 모습이, 그 아이들의 무한한 가능성을 바라보는 일만큼 가슴 떨리는 일이 또 있을까.

얼마 전 지금은 고등학생이 된 졸업생들이 다시 유치원을 방문했다. 유치원 시절의 생명교육, 자연활동에 대한 추억이야기를 나누며 웃음꽃을 피우는 그들의 모습은 보는 것만으로도 흐뭇했다.

아, 내 생각은 틀리지 않았구나!

눈으로 직접 바라보고 손으로 만져보며 온 몸의 감각으로 받아들였던 것이기에 단편적인 지식이 아닌 살아있는 지식으로 아직까지도 저들의 마음속에 남아 있는 것이다. 다양한 자연에게서 배웠기에 자신의 감성을 저토록 자연스럽게, 풍성하게 표현할 수 있는 것이다.

단순한 지식주입이 아닌 마음을 만지고 가치관을 빚는 교육은 아이 때부터 자연스럽게 이루어져야 한다. 아이들에게 어릴 때부터 스스로를 조절하는 법과 사회구성원으로 조화롭게 살아간다는 것의 의미, 그리고 그 가치를 실현할 수 있는 올바른 인성을 가르쳐야 한다.

뿌리가 썩은 나무는 아무리 줄기와 잎사귀를 열심히 보살피고 관리해도 결국에는 썩기 마련이다. 얼마 전까지 가지가 축 쳐질 정도로 주렁주렁 대추가 달리던 대추나무가 어느 날 병이 들더니 푸석푸석해지고 말라버렸다. 원인을 알아보니 뿌리가 썩는 병에 걸려 잎이나 가지에 아무리 약을 줘도 소용이 없단다. 나무를 잘라버릴 수밖에……. 뿌리부터 확실하게 살피는 일, 그것은 자연 속에서 실컷 뛰어놀며 다양한 지식과 풍부한 감성을 배우는 생태교육을 통해 이루어진다.

흙을 밟지 못한 아이들은 딱딱한 시멘트 바닥처럼 마음이 각박해질 수 있으며, 생명을 느끼지 못한 아이들은 '함께'라는 말, '우리'라는 느낌 역시 알지 못한다. 자연과 단절된 아이는 생명의 소중함도, 자연스러운 예의도 배울 기회가 적을 수밖에 없다.

봄비의 속살거림을 들었던 아이, 여름 태양의 뜨거움을 느꼈던 아이, 가을 하늘의 비늘구름을 보며 감탄했던 아이, 겨울 하얀 눈송이를 혀끝으로 맛봤던 아이들은 가슴에 늘 풀빛생명을 머금고 있다. 이렇게 아이 속에 스민 자연은 언젠가 풍성한 인격으로 삶의 자리에 발현된다.

생태교육에 대한 소신으로 리라 자연 유치원을 설립했던 초창기에는 유아교사나 부모들을 대상으로 특강을 하곤 했다. 그런데 최근 기업경영인이나 사회단체, 군부대, 경찰서 등 일반 교양특강을 요청받는 일이 부쩍 늘었다. 처음에는 유아교육자인 나를 왜 불렀을까 의아하기도 하고 내가 그들에게 무슨 이야기를 하나 고민하기도 했다.

그러나 생각해보니 그들도 분명 자녀를 키우는 부모들이고, 아이들과 함께 살아가는 어른들이었다. 또한 자연이라는 것이 아이뿐 아니라 어른들에게도 깊은 사유의 창을 열어준다는 것을 나는 이미 경험하고 있었다. 자연의 섭리를 자연과 인간관계의 소중한 교훈으로 실천하니 어느 단체에서의 강의 속에서나 진솔한 이야기가 쏟아져 나왔다. 생태교육은 분명 아이들에게 놀라운 효과를 발휘하며 유아기부터 시작해야 할 교육이지만 단순히 유아기에 국한된, 아이들만의 교육은 아닌 것이다. 아이와 어른을 아우르는 더욱 폭넓은 생태교육을 지향하며 우리 안에 자연이 준 행복이 넘쳐나기를 기대해본다.

* 이제는 고인이 된 아이 아빠에게 이 책을 바칩니다.

2007년 바람이 시원한 가을의 한 자락에서

김용님

우리에게 보이지 않는
한 송이 꽃 때문에
별들은 아름다운거야.
사막이 아름다운 것은
어딘가에
샘을
감추고 있기 때문이야.
눈으로는
찾을 수 없어
마음으로 찾아야 해.

– 생텍쥐페리의 〈어린왕자〉 –

책머리에_ 풀빛생명이 스며들다

Chapter

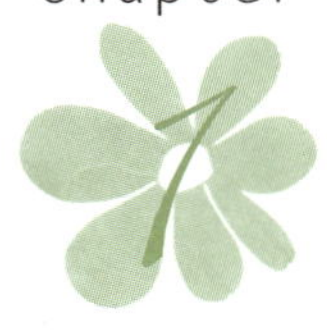

풀잎 같은 아이들을 위해

생태교육, 21세기 新 패러다임

생태교육, 더 나은 미래를 향한 디딤돌

생태교육, 필요한 가치를 창조하는 힘

|목차|

Chapter

풀빛 속으로 번지점프를

Chapter 3

함께하는 자연 이야기

하나.

풀잎 같은 아이들을 위해

아이들을 자연으로 내보내라. 언덕 위와 들에서 아이들을 가르쳐라. 그곳에서 아이들은 더욱 좋은 소리를 들을 것이고, 그때 가진 자유의 느낌은 아이들에게 어려움을 극복할 수 있는 힘을 줄 것이다. 그리고 이런 자유 시간에 아이들이 당신에 의해서 보다 오히려 자연에 의해 배울 수 있도록 하라. 아이들로 하여금 자연이 바로 진정한 교사라는 것과 당신은 그저 자연을 조용히 산보하는 사람에 지나지 않음을 깨닫게 하라. 아이들이 걸음을 멈추면 바로 그때 새의 지저귐이나 나뭇잎 위의 곤충의 노래를 듣게 될 것이다. 나무와 새와 곤충이 아이들을 가르치게 될 때 당신은 조용히 있도록 하라.

– 페스탈로치

생태교육, 21세기 新 패러다임
-생태교육의 배경과 정의-

생태 '맹' 시대

요즘 우리 아이들이 까막눈이 되어가고 있다.

까막눈이라니, 까막눈은 배움이 짧아 글을 모르는 문맹을 일컫는 단어가 아니던가? "엄마~마, 아빠~빠"를 간신히 말하는 아이를 붙들고 한글을 가르치고 그것도 모자라 "파덜~마덜~"하는 요즘 같은 교육열풍을 앞에 두고 까막눈이라니!

이렇게 말하며 의아해하는 이들이 많겠지만 그럼에도 지금 우리 아이들은 분명 까막눈이다. 글을 몰라서 까막눈이 아니라 자연에 대해 너무도 무지하

14

기 때문에 까막눈이다. 문맹, 컴맹처럼 '盲[눈멀 맹]'을 써서 일명 생태 '맹'이라 할 수 있을 것이다.

그 옛날 아스팔트가 흙을 덮기 전, 사각 빌딩들이 도시라는 이름으로 자연을 점령하기 전의 모습을 한번 생각해보자. 길가의 강아지풀을 보는 것만으로도 손끝이 간질간질해지고 빈터에 가득한 질경이와 토끼풀의 풀냄새, 흙냄새는 자연스레 콧속으로 들어왔다. 학교 가는 길에 풀피리를 불고 집에 오는 길에 아카시아 꿀을 빨아먹었다. 개구리를 잡는다고 논두렁길을 뛰어다니고 잠자리채를 둘러메고 풀밭을 헤집고 다녔다. 그렇게 특별한 노력 없이도 문을 열고 나가기만 하면 자연은 그 자리에 있었다.

그러나 지금 상황은 예전과 180° 다르다. 아파트에서도 문만 열면 주차장이다. 심지어 집보다 나은, 집에서 경험할 수 없는 것(잔디, 마당, 흙, 물, 나무, 풀, 숲 등)을 느끼고 배워야 할 유아교육기관마저 아파트나 상가 등과 마찬가지로 대로변에 위치하여 문도 제대로 열어놓지 못한다. 또, 날을 잡고 시간을 내서 주말농장이나 수목원을 찾지 않으면 길가에 핀 민들레꽃 하나 발견하기도 힘들다. 아이들은 청결과 보호라는 미명하에 경험이 제한되고 체험기회를 빼앗긴다. 두툼한 백과사전을 쌓아놓고 인터넷의 바다를 헤엄치며 우리나라에 서식하지 않는 동식물들의 이름까지 줄줄이 꿰지만 그것은 박제된 지식일 뿐이다. 이런 아이들에게 자연은 그저 책속에만 있는 자신과는 별개의 존재일 뿐이다. 생물이 자연계에서 살아가는 모습을 외면하고 뭇 생명과의 어울림을 끊은 채, 그렇게 우리 아이들은 생태맹이 되어가는 것이다. 단지 자연을 모른다는 것이 문제가 되는 것은 아니다. 자연에 대한 무지가 생명에 대한 훼손으로 이어지는 사회, 무지가 곧 폭력으로 가는 지름길이기 때문에 위험한 것이다.

개구리의 배는 등판과는 달리 하얗다는 사실은, 개구리가 다소곳이 앉아만 있는 것이 아니라 펄떡이는 심장과 마찬가지로 펄쩍펄쩍 뛰어다닌다는 것은 사진만으로는 알 수 없다. 오감으로 개구리를 느끼지 못하는 아이들은 이차원적이고 평면적인 개구리의 단면만을 평생 개구리의 전체라고 생각하며 살게 될지도 모른다. 그깟 개구리 하나 잘 모른다고 무슨 큰일이냐고 생각한다면 그 생각이야말로 진짜 큰일이다. 아이가 체험하지 못한 개구리는 그깟 개구리 하나가 아니라 자연을 몸 안에 품고 있는 귀한 교육도구이다. 그것은 아이의 호기심을 일깨우며 창의력의 촉발제가 될 수도 있고, 아이에게 생명의 의미를 알게 하는 전달자가 될 수도 있다.

생명을 아는 일은 결코 '그깟' 일이 아니다. 하나의 생명으로 또 하나의 생명을 마주하는 법을 배운다는 것은 기본적으로 인생의 예의를 배우는 일이다. 그 예의는 삶의 기반이 되고 인성의 기초가 되어 아이의 평생을 지배할 인격으로 발현된다. 그래서 생태교육이 이루어져야 한다. 아이의 마음은 대부분 어린 시절에 빚어진다. 흙을 밟고 자라는 교육의 효과는 유아가 성인의 7배에 달한다. 유아시절이야말로 가장 순수하게 자연과 눈높이를 맞추고 교감할 수 있는, 바로 생태맹에서 벗어날 수 있는 중요한 시기인 것이다.

트렌드를 넘어서

후둑- 후두둑-

갑자기 소나기가 쏟아지면 후다닥 뛰어가 부랴부랴 창문 닫기에 바쁘다. 화분의 식물들은 베란다에 내어놓고 옥상에 올려놓으면서 아이들은 빗방울 하나라도 맞을까 집안으로 꼭꼭 숨겨 놓는다. 물론 환경이 어떻고, 오염이 어떻고 하는 이 시대에 산성비에 대한 염려가 이해되지 않는 것은 아니지만 아이와 자연이 만날 수 있는 여지를 전혀 허락지 않는 부모들의 과잉보호가 씁쓸해지는 순간이다. 주말마다 생태농장이나 수목원들을 찾아다니지만 정작 일상 속에서 자연을 접할 수 있는 가장 쉬운 기회를 살리지 못하고 있는 것은 아닐까.

자연과의 분리에서 발생한 생태맹을 벗어나기 위한 방법은 자연과의 재결합 밖에 없다. 그러나 남들이 가니까 나도 간다는 식의 생태교육은 제대로 된 생태교육이 아니다. 트렌드화 된 생태교육들이 우후죽순처럼 일어나고 자연 속에서조차 경직된 감상을 강요한다. 아파트 창문으로 들어오는 빗방울 하나에도 벌벌 떨면서 수목원에서는 풀잎 위의 이슬을 만지라고 요구하는 것은 어불성설이다. 아이에게 자연을 보여주는 것, 그것만으로 충분하다.

단순히 유행을 따라 너도 나도 달려가는 일을 지양해야 한다. 수박 겉핥기 식의 단발적인 생태교육으로는 결코 자연이 주는 교육효과를 누릴 수 없다. 지구를 하나의 생명체로 인식하고 자연과 그 속의 생명들을 인정하는 마음자세를 기본으로 생태교육에 대한 확실한 개념정립부터 시작해야 한다.

생태교육은 거창할 것도 어려울 것도 없다. 자연 속에서 자연을 자연스럽게 배우는 것, 즉 온몸으로 자연을 느끼는 것이 바로 생태교육의 기본이다. 꼭 찾아가야만 만날 수 있는 자연만이 자연이라고 생각하는 좁은 생각부터 없애야 한다. 그저 창문너머로 손을 뻗어 떨어지는 빗방울의 감촉을 느끼고 그 이야기를 나누는 것이 바로 생태교육의 출발이다. 흙이나 풀밭에서 맨발로 걷기, 꽃향기 맡아보기, 나무껍질 만져보기, 돌멩이 관찰하기와 같은 활동도 작지만 의미 있는 일상생활 속 생태교육인 것이다. 물론, 숲의 한복판으로 들어가는 일도 중요하다. 그러나 숲의 한복판에서 숲을 제대로 느끼기 위해서는 일상 속에서 자연을 접하는 연습이 필요하다.

자연을 닮은 아이

　미국의 생태시인 게리 스나이더는 "우리는 삶과 세계에 형태를 만들어주는, 이와 손톱과 젖꼭지와 눈썹 등 우리 몸의 모든 선을 모양 짓는 자연이 가진 힘들의 우아함을 감지할 수 있어야 한다."고 이야기했다. 그의 말처럼 우리 몸의 모든 부분은 자연과 닮아 있다.

　인간을 포함한 모든 생명체는 자연에서 태어나 자연으로 돌아간다. 자연에서 태어난 아이는 자연을 그대로 닮고 있다. 어린아이의 몸과 마음과 영혼은 자연의 본성 그대로이다. 아이의 본성은 자연처럼 맑고 밝고 선하고 아름답다. 그런데 자연의 아이로 태어나 사람의 아이로 자라면서 본래의 아름다운 인성을 잃어가게 된다.

　인간의 사고는 언어에 의해 지배되는데 자연을 대상화시키는 '환경' 이라는 단어는 그래서 상당한 위험성을 내포하고 있다. 인간을 중심에 놓고 그 주변을 지칭하는 '환경' 의 의미는 자칫 인간 이외의 생명을 가벼이 여길 소지를 주기 때문이다. 근대사회는 인간만의 세상을 견고하게 구축하면서 모든 이데올로기와 언어가 인간을 위한 것이 되었으며, 종국에는 자연을 대상화시켜 버렸다. 그래서 우리들은 지금까지 자연의 세계를 철저히 무시하는 어리석은 짓을 해왔다. 즉, 자연과 닮은 인간이 자연과 다르게 변화하기 때문에 많은 문제들이 야기되고 있는 것이다.

“자연을 보전하고 싶다면 인간의 손이 절대 닿을 수 없게 하라!”

자연이 우리 삶의 중요한 화두가 되며 언제부터인가 이것은 자연보호의 절대 계명처럼 생각되어져 왔다. 그간의 역사를 돌아볼 때, 인간이 거쳐 간 자리는 어김없이 자연이 훼손되고 파괴되었기에 자연에게 있어 인간은 절대악의 존재로까지 여겨지게 된 것이다.

지금까지 인간은 지구를 자기 것인 양 쓰고 있고, 그로 인해 생겨난 새로운 문제들에 쉽게 접근하고 피상적으로 대응함으로써 문제를 더욱 악화시키고 생태계를 교란시켰다. 하지만 우리가 반드시 기억해야 할 점은, 우리가 자연을 훼손하면 그 순간 자연이 묵묵히 하고 있던 어떤 소중한 기능이 사라져 버린다는 것이다. 그리하여 그 피해는 고스란히 우리 몫으로 넘어온다.

인간이 다른 종들을 지배하려는 욕심 아래 많은 자연파괴를 자행한 것은 사실이다. 그러나 단순히 인간과 자연을 단절시켜놓는 것이 능사는 아니다. 인간의 손때가 묻은 목조건물이 더욱 견고해지듯이 인간이 다른 종의 우위에 서려는 욕심을 버린, ‘더불어’의 의미 속에서 인간을 포함한 자연이야말로 더욱 아름답고 단단하게 여물어 갈 수 있다.

그래서 인간만의 세상을 넘어서는, 자연을 중심으로 한 넓은 시선을 갖는다는 것은 참으로 소중하다. 생태교육의 기본은 자연을 주체로 위치 지우는 시선을 가지는 것이다. 자연 속에서 자연의 원리에 따라 아이를 키운다면 그 아이는 타고난 본성을 그대로 간직하게 될 것이다. 우리는 이미 자연의 모습을 많이 잃어버렸지만 지금부터라도 우리 아이들은 자연의 모습을 잃어버리지 말고 자라게 해주어야 한다. 자연 속에서 흙냄새, 풀냄새의 풋풋함과 풀벌레를 만나는 것은 유아기의 소중한 교육이다.

생태교육은 자연의 본성을 지닌 아이와 자연과의 신체적, 정신적 교감을 통해 인간과 자연의 공생, 상생의 지혜를 터득하고 실천하도록 한다. 농경사회를 살아온 우리 조상들은 자연친화적으로 아이를 키웠다. 당시의 아이들은 자연이 만들어 놓은 맑고 깨끗한 자연식품을 먹고 또래와 어우러져 마음껏 뛰놀면서 아이답게 자랐다. 우리 조상들은 수천년 동안 생태유아교육을 해온 셈이다. 우리는 그 자연주의적 아이 키우기의 지혜를 배워야 한다.

아이들은 모두 자신만의 씨앗을 가지고 있다. 그 씨앗이 본연의 모습대로 크도록 도와주어야 한다. 도움이라고 해서 거창하게 모든 것을 다 해주어야 한다는 것은 아니다. 나비가 번데기를 뚫고 나오는 모습을 바라보면 그 힘겨운 투쟁이 안쓰럽게 보인다. 그렇다고 번데기를 잘라주면 나비는 번데기에서는 쉽게 나올지 모르지만 날개를 몇 번 퍼덕이지도 못한 채 이내 땅에 떨어지고 만다. 번데기를 뚫고 나오는 안간힘을 내는 동안 번데기 안에서의 축축했던 날개는 적당하게 마르고 힘도 붙는 것이다. 우리가 해야 할 일은 번데기에 가위를 들이대는 것이 아니라 묵묵히 지켜 봐주는 일이다.

씨앗이 무슨 종류의 꽃을 피어낼지, 무슨 색깔로 나올지, 몇 송이나 피울지에 대해 간섭할 필요는 없다. 씨앗이 소멸하지 않는 한 아이 속의 씨앗은 반드시 싹을 틔우고 꽃을 피울 것이다. 그 꽃망울이 얼마나 큰지, 색깔이 누가 더 화려한지는 중요하지 않다. 꽃은 그 자체로 빛이 난다. 아이들은 그 존재 자체로 귀하다. 그래서 아이들이 피우는 꽃은 모두 아름답다.

생태주의 & 생태교육

♣ 환경과 생태의 차이

- 환경: 인간을 중심으로 돌아감. 인간이 통제한다는 의식
- 생태: 더불어 살아감. 지속 가능하고, 계속적으로 순환함

♣ 생태주의

- 인간도 생태계의 일부로 자연과 조화를 이루어야한다는 사상
- 무분별한 개발로 자연을 망치고 생태계를 거스르는 현대 개발주의를 비판
- 문명에 의해 훼손되어진 자연과 생명의 모습을 바라보며 반성
- 우리 안에 고착화된 인간 우월적인 '문명', '환경'의 이미지를 깨뜨리는 물음
- 환경오염, 인간경시 등 현대의 위기를 자연 속에서 극복하고자 하는 것
- 삶의 한 자락에 자연에 대한 마음을 담아두는 것

♣ 생태교육

- 보고, 듣고, 맛보고, 맡고, 만져서, 느끼게 하는 것
  [시각 청각 미각 후각 촉각 생태적 감수성]
- 자연 환경에 대한 직접적인 체험을 통해서 생태맹을 극복한 참 인간의 형성
- 미래를 상속받을 아이들이 생태적으로 의식화되도록 하는 것
- 인스턴트 음식에 노출된 아이들의 허약화의 극복
- 어른들 구미에 맞춘 보여주기식 유아교육에 대한 비판
- 아이의 발달과정에 맞춘 가장 자연스러운 교육

생태교육, 더 나은 미래를 향한 디딤돌
-생태교육과정의 의미-

행복한 삶을 향한 출발점

불과 몇 년 전만 해도 우리의 아이들은 자연 속에 뛰놀면서 자랐다. 산에서, 들판에서, 개울에서, 바닷가에서 햇빛과 바람과 물과 흙과 밤하늘의 별과 함께 어우러졌고 메뚜기, 잠자리, 개구리, 그리고 나뭇잎, 돌멩이, 들꽃 등이 친구였다. 아이들은 자연과 함께 신나게 놀면서 꿈과 희망을 차곡차곡 쌓아갔다.

그러나 지금 아이들은 자연과 놀이와 아이다움을 잃어버렸다. 자연 속에서 흙을 밟으며 시원한 공기를 마시며 맘껏 뛰어 놀면서 자연이 주는 삶의 풍요로움을 맛보는 대신 부모의 보호라는 온실 속에서 안전제일주의에 둘러싸이고 지식우선주의에 깔려 허덕이고 있다. 부모들은 미래의 행복을 위해 지금의 행복은 기꺼이 희생해야 한다고 이야기한다.

아이가 말문을 떼는 순간부터 한없이 부풀어 오르는 부모의 욕심을 "다 네 미래를 위해서"라는 말 속에 숨긴 채 갖가지 것들을 다 우겨 넣는다. '공부 못하고 학벌 없으면 이 땅에서 서러움을 겪는다.' 는 인식이 강하기 때문에 일찍부터 조기유학이나 영재학원을 기웃거리고 예체능 교육을 하나라도 더, 하루라도 빨리 시키려고 한다.

이러한 부모들의 요구에 부응하기 위해 많은 유아교육기관들은 더 많은 경험, 더 많은 교육을 시킨다는 것을 보여줄 수밖에 없다. 아이들의 솜씨와 재롱을 보여주기 위해 다람쥐 쳇바퀴 돌리듯 반복적인 연습과 훈련을 시키고 때로는 선생님들이 거의 만든 작품에 아이의 이름을 걸어 자랑스럽게 전시해 놓기도 한다. 교육의 주체인 아이의 자발적인 흥미는 뒷전이고 부모는 부모대로 자신의 만족을 위해 유아기관은 유아기관대로 부모의 구미에 맞추기 위해 아이들을 마구 혹사시키고 있다.

대부분의 아이들은 도심의 아파트와 교실에 갇혀 교육이라는 명목으로, 혹은 안전을 핑계로 바깥놀이를 제약당하고 있다. 플라스틱 교구와 함께 과자 간식을 먹으며 햇빛도 바람도 잘 통하지 않는 공간에서 아이들을 보호,

교육한다는 것은 아이들이 인간으로 커가는 가능성을 빼앗는 것이나 다름없는 일이다.

이러한 상황 속에서 과연 아이들은 행복할까? 오전 활동 중 실내 활동이 '수업'이란 명목으로 계획안의 거의 전부를 차지하고, 바깥놀이는 한줄 정도의 틈새활동으로 들어가 있지는 않은가? "바깥놀이터에서 놀고 싶니? 교실에서 놀고 싶니?"라고 아이들에게 한번 물어보라. 거의 모든 아이들은 "바깥놀이터에서 놀고 싶어요."라고 대답을 할 것이다.

진정한 행복의 출발선에 생태교육이 자리한다. 자연을 잃어버리고, 놀이를 잃어버리고, 아이다움을 잃어버린 아이들에게 잃어버린 자연과 놀이와 아이다움을 되찾아 주는데서 시작한다. 아이들은 '바깥', 즉 '자연'을 원한다. 아이들은 바깥놀이터의 흙, 바람, 돌, 풀, 꽃, 동물들과 친해지기를 원하고 흙, 모래, 물과 노는 아이들의 표정에는 행복함이 가득하다. 아이들은 순수하고 자연도 순수하기 때문에 '바깥'의 자연은 아이들을 부르고 아이들은 거짓 없이 자연에 다가선다.

아이들을 '밖으로, 밖으로' 데리고 나가려는 노력, 즉 아이들을 교실에서 해방시키려는 노력이 바로 생태유아교육 실천의 출발점이다. 아이들에게 있어 바깥놀이는 아이들 자신이 가지고 있던 지식, 개념, 경험을 자유롭게 펼치는 시간이다. 즉 놀이를 통해 지적인 호기심과 상상력을 키우고 계절의 변화와 친구들과 더불어 살아가는 능력을 갖게 되는 것이다. 또한 바깥의 자연을 통해 생명의 소중함을 깨달아 가게 된다.

플라톤은 〈국가론〉에서 "아이는 놀이와 노래와 오락으로 기르는 것"이라고 말했다. 즉, 아이들에게는 충분한 놀이가 교육의 전부라는 것이다. 아이들의 진정한 행복은 신선한 공기와 햇빛이 드는 공간에서 부모나 교사의 간섭 없이 자유롭게 생각하고 마음껏 소리치며, 힘껏 뛰어노는 일이다. 지금의 행복을 희생하며 누리지 못한 아이는 어른이 되어서도 행복을 제대로 누릴 수 없다.

생명가치를 일깨우는 힘

북 아메리카 원주민의 음악을 들어본 적이 있는가? 잔잔하게 흐르는 음악 속에는 광활한 대지와 그곳의 생명을 사랑하고 영혼의 깊은 울림 속에서 살아가던 그들의 삶의 방식이 스며들어 있다. 북아메리카 원주민들은 들소하나도 기도하며 사냥했다. 그들은 우주의 기운과 자연의 섭리를 존중할 줄 아는 이들이었다. 숲에서 자신의 고독한 내면을 들여다보고 영적인 시간을 만남으로 성년으로의 통과의례를 치루는 그들의 삶은 대지의 영성과 맞닿아 있었다.

이 자연의 사람들이 정당한 이유 없이, 아무런 근거 없이 열등함으로 규정되어 백인들에 의해 철저하게 파괴되었다. '다르다'고 규정되어진 것들에 대한 가차 없는 실력행사, 지금 인간이 자연에게 하는 행위는 그 옛날 백인들의 행위와 조금도 다를 바 없다.

"모든 죽어가는 것을 사랑해야지......."

〈서시〉에서 윤동주 시인은 이렇게 고백했다. 사라지는 모든 생명을 향한 시인의 투명한 고백 앞에 살아있음조차 제대로 인지하지 못하는 무뎌진 마음의 편협함이 부끄러움으로 다가온다. 지금 인간의 무지한 횡포에 의해 자연 속에서 일어나고 있는 파괴와 멸종은 '사라짐'의 무게가 다르다. 생과 사의 순환 속에 존재하는 생명이 또 다른 미래를 꿈꾸며 죽음에 점차 다가가는 당연한 슬픔이 아니다. 순환 자체의 죽음, 실감조차 할 수 없는 그 육중한 무게감이 아프다. 생명 하나가 지구상에서 완전히 소멸되는 일을 아무렇지도 않게 바라보는 우리의 눈이 무섭다. 그래서 생명을 제대로 바라볼 줄 아는 눈을 가지는 것은 중요하다.

그러나 지금 우리는 아이에게 생명을 가르치기 전에 짓밟고 올라가는 법을 가르치고 있지는 않은지....... 자연은 아이에게 지식을 전달하기 위한 도구에 불과하며, 그래서 아이는 자연을 함께 더불어 살아가야 할 생명체로 인식하지 못한다. 개구리, 나비, 잠자리, 꽃, 나무 등의 자연을 대할 때 가지고 노는 놀이의 대상이 아닌 더불어 살아가야 할 동무가 되도록 가르쳐야 한다.

흔히 자식 '농사'라고 이야기를 한다. 아이를 키우는 것은 곧 농사를 짓는 일에 다름 아니기 때문일 것이다. 자연의 섭리에 따르는 농사는 절대 생명을 함부로 여기지 않는다. 땅이 살고, 물과 공기가 살아야 곡식이 살고, 곡식이 살아야 가축이 살고, 곡식과 가축이 살아야 사람이 산다. 아이나 논밭의 식물이나 생명으로서 고귀하기는 마찬가지이다.

농사를 간소화한 '텃밭 가꾸기'는 생명의 의미를 다시 한번 아이들에게 각인시켜 줄 수 있는 좋은 교육활동이다. 불과 2~30년 전만 해도 우리 곁에는 생명을 키우는 텃밭이 있어 사시사철 맛있는 야채를 가꾸어 먹을 수 있었다. 아이들은 어른들과 함께 텃밭 일을 돕다가 심심하면 벌레와 놀기도 하고 나무 그늘에서 쉬기도 하면서 자연스레 함께 살아갔다.

아이가 잘 자라려면 흙 속에서 살고 땅과 늘 접촉을 하게 해야 한다. 흙은 생명의 원천이다. 모든 생명체는 흙에서 나와 흙으로 돌아간다. 흙은 무한한 생명력을 지니고 끊임없이 다른 생명들을 키워낸다. 사람 역시 흙의 생명력에 의지하여 살아간다. 어른들이 우리 아이들에게 해줄 수 있는 진정한 도움은 아이들에게 흙냄새를 알게 하고 텃밭에서 생명을 가꾸어 볼 기회를 주는 것이다.

아이들에게 잃어버린 동심과 생명의 중요성을 일깨우기 위한 텃밭!

그곳에서 아이들은 스스로 씨를 뿌리고, 거름을 주고, 식물을 돌보게 함으로써 생명이 자라는 신비와 자연의 소중함을 깨닫게 된다.

처음 텃밭에 씨를 뿌릴 때만해도 아이들은 곡식이나 채소, 과일 등에 별로 관심이 없었다. 하지만 봄비가 지나간 어느 날, 흙을 뚫고 새파란 싹이 돋아난 것을 발견하자 아이들은 하루에도 몇 번씩 텃밭에 가자고 조르기 시작했다. 자신이 뿌린 씨가 얼마나 자랐는지 보는 것이 아이들에게 얼마나 큰 행복을 주는지!

"텃밭의 식물들은 우리가 얼마나 정성을 보여 주는지, 그리고 얼마나 많이 사랑해 주는지 모두 알고 있어요. 우리가 관심을 보여주지 않으면 식물들은 크게 자랄 수 없어요."

이제 아이들은 텃밭의 농부가 되는 것을 주저하지 않는다. 밀짚모자를 쓰고 호미를 챙기는 아이들의 모습에서는 자못 진지함까지 엿보인다. 텃밭으로 간 아이들은 고사리 같은 손으로 호미를 쥐고 부산하게 움직인다. 어떤 아이는 땅을 파다가 지렁이를 발견하고 놀라 도망가기도 하고, 어떤 아이는 흙장난을 하느라 텃밭 가꾸기는 아예 뒷전이 되기도 하지만 파랗게 솟아난 새싹처럼 아이들 마음에도 이미 파란 생명이 돋아나 있다.

퇴비를 뿌려 주고, 나무로 대를 만들어 주고, 이랑을 만들고, 물을 뿌려 주는 과정을 통해 아이들은 생명을 가꾸고 돌보는 즐거움을 배운다. 또한, 아이들은 텃밭에서 자라는 식물을 통해 자연의 순환을 깨닫고 수확하는 즐거움도 느낀다. 한개의 씨앗이 다시 여러개의 풍성한 열매로 자라는 기쁨을 아는 아이들은 땀 한방울의 의미를, 그리고 생명의 가치를 이해하게 되는 것이다.

아이들이 배우는 것은 비단 텃밭의 식물을 통해서만이 아니다. 텃밭을 만드는 순간, 그곳에 존재하는 모든 곤충과 생물에게서 자연의 법칙과 섭리, 그리고 생활을 배우게 된다. 달팽이와 무당벌레는 식물을 병들게 하는 진딧물을 말끔히 청소해 주는 청소부라는 사실, 지렁이는 땅속의 흙을 고르고 영양있게 만드는 좋은 친구라는 것, 거미는 나쁜 곤충이 식물을 공격하는 것을 막아주는 식물의 호위무사라는 것을 눈으로 보고 들으며 알게 되는 것이다.

크게 해석하면 텃밭은 아이들의 소우주인 셈이다. 아이들은 텃밭을 통해 자연 속 모든 생명체가 각자의 역할이 있다는 것을 깨닫는다. 그리고 나아가 자신도 이 곤충이나 식물처럼 사회에서 어떤 역할을 할까를 생각하게 되는 것이다.

텃밭 가꾸기의 작은 활동을 통해 아이들은 흙의 소중함을 알게 되고, 계절의 변화를 인지하며 땀의 의미와 수확의 기쁨을 알게 된다. 무엇보다 자연계의 순환과 생명에 대한 사랑을 확실히 깨닫게 되는 것이다.

조금이라도 세심하게 주위를 둘러보면 이 땅에는 이루 다 헤아릴 수 없는 생명들이 계절에 따라 살아간다. 콧속이 간질간질해지며 금방이라도 재채기를 해야 될 것만 같은 복슬복슬 강아지풀을 비롯하여 금방이라도 서걱거리며 울어댈 것 같은 참억새, 봄내음이 온 몸을 가득 채우고 있는 쑥, 서로 얼싸안으며 물결치는 질경이, 말의 앞이빨 같은 쇠비름 등의 순박한 식물들이 존재한다. 홍자색의 담백한 해당화, 이름답지 않게 올망졸망 모여 앉은 황색의 기린초, 자줏빛 솜털이 보송보송한 박주가리, 붉은색으로 온 얼굴을 물들이고 짐짓 여자인척 하는 조금은 어설픈 술패랭이, 연한 붉은빛이 도는, 그래서 무리지어 피어나는 것이 아름다운 구절초 등 수백가지의 야생꽃들도 자기의 자리를 지킨다. 여기에 곤충들과 동물들, 그리고 미생물까지 생각하면 자연은 생명이 아닌 것이 없다.

산소와의 관계 속에서, 물과의 관계 속에서, 흙과의 관계 속에서 온전히 있을 때 생명은 유지되고 지속된다. 나무들의 숲이 없이 어떻게 산소가 만들어질 수 있는가. 바람이 불지 않는다면, 구름이 일어나지 않는다면, 그리하여 비가 내리지 않는다면, 흙이 없다면, 햇빛이 없다면, 달빛이, 별빛이 없다면 지상 위에 어떤 생명체도 존재할 수 없다. 세상 모든 생명체는 각기 저마다 따로따로 유리되어 살고 있는 것이 아니라 전체 관계 속에서 살고 있는 것이다.

그 작은 생명 하나하나를 살필 줄 아는 아이로 키워야 한다. 괭이 갈매기의 가냘프지만 확고한 울음소리를 듣고 그 소리에 튀어 오르는 물고기 비늘이 찰나에 쏟아내는 반짝거림을 포착할 수 있어야 한다. 붉게, 노랗게, 푸르게 꽃망울 터치는 소리에 심장이 터질듯 두근거리고 무당벌레, 잠자리 날갯짓 소리에 숨을 죽일 수 있어야 한다. 그렇게 살아 숨쉬는 생명을 온전한 눈으로 바라보고 온전한 귀로 듣고 온 감각으로 느낄 수 있는 아이로 키워야 한다.

아이에게 인위적인 세상의 법칙만을 가르치려 들지 말자. 물을 주고, 거름을 뿌리고, 거친 바람, 모진 비, 뜨거운 햇살을 가려주고, 막아주고 키운 생명의 소중함이 무엇인지 아는 아이와 그것을 모르는 아이의 인성은 완전히 다르다.

생명과 관련된 것은 인위적으로 가르치려 들면 안 된다. 살아있는 흙의 생명력이 또 다른 생명을 잉태한다는 것을 배우게 되고 그곳에서 자란 식물을 통해 사람도, 동물도 함께 살아가게 된다는 것을 몸소 체득하게 해야 한다.아이 스스로 이해하고 깨달을 수 있도록 도와주어야 한다. 생명은 스스로 태어나 스스로 소멸하는 경이로운 것이다. 생명의 존엄과 귀함을 아이 스스로 깨닫고 느낄 수 있도록 하는 것, 그것이 진정한 생태교육의 의미이다.

기다림과 느림의 미학

노자의 〈도덕경〉에 보면 "흙을 빚어 그릇을 만드는데, 그릇의 빈 곳에 바로 그릇의 쓸모가 있다."는 말이 있다. 지금 우리의 유아교육은 너무 많이 채

우려는 욕심 때문에 기우뚱거리고 있다. 무엇보다 타이밍이 중요하다. 우물가에서 숭늉을 찾을 수는 없다. 잠잠히 준비하고 기다려야 한다.

내가 어릴 적, 초여름 땡감하나를 얻기 위해서는 아침 일찍 일어나 감나무 밑으로 가야했다. 그러나 그렇게 얻은 감을 바로 먹을 수는 없었다. 떫은맛이 사라질 때까지 단지 속에서 우려내는 기다림의 시간을 거쳐야 했다. 감 하나를 먹기 위해 기다리는 시간 속에서 먹고 싶은 마음과 함께 감의 소중함이 더욱 커졌을 때, 비로소 잘 익은 감 하나를 맛있는 먹거리로 만날 수 있었다.

아이는 아이 때 충분히 아이다워야 한다. 인간이 인간다워야 인간인 것과 마찬가지로 아이는 아이다워야 아이인 것이다. 어른이 아이 같으면 문제이듯 아이가 어른 같은 것도 문제다. 그런데 우리는 아이답지 않은 아이를 점잖다고, 의젓하다고 치켜세우고 내 아이도 아이다움을 빨리 탈피하기를 은근히 바란다.

시계를 두 시간 빨리 돌려놓았다고 태양이 빨리 떠오르는 것은 아니다. 태양은 지구의 자전주기에 맞춰 뜨고 질뿐이다. 아이도 마찬가지다. 아무리 빨리빨리 몰아대도 결국은 자신의 자전주기에 맞춰 태양을 내보낸다. 한 송이 민들레꽃을 피우기 위해, 그리고 하나의 열매를 맺기 위해 이슬 맺히는 시간까지도 정확하게 계산하는 조물주의 우주시계가 움직인다고 한다. 하물며 아이가 자라는 일이다.

사실 보채고 닦달하면 아이는 결과물을 내놓는다. 그러나 그것은 6월에 열매를 맺고 씨앗을 만들어버린 나팔꽃과 같은 현상일 뿐이다. 나팔꽃은 정상적으로라면 9월에 씨앗을 만든다. 그런데 잘 돌보지 않고 마구 건드리고 싹을 뽑고 하면 생명의 위협을 느껴 서둘러 꽃을 피우고 열매를 맺고 씨앗을 만든 후 죽어버린다. 분명 꽃도 피우고, 열매도 맺고, 씨앗도 남겼지만 그것은 때에 따라 아름답고 여유롭게 맺은 풍성한 열매가 아니라 주위의 등쌀에 못 이겨 힘겹게 뱉어낸 발버둥의 흔적일 뿐이다.

아이 때는 열매나 씨앗은 잠시 접어두고 느긋하게 가지를 뻗으며 천천히 힘을 비축하는 시기이다. 때에 따라 더욱 아름다운 꽃을 피우기 위해, 때가 되면 더 풍성한 열매를 맺고, 더 튼튼한 씨앗을 만들기 위해서 말이다.

아이의 수준에 맞지 않는 교육은 하지 않는 게 낫다. 교육에는 적령기가 있으며, 그 나이 또래에 맞춰 배워야 할 것이 있고, 미뤄야 할 것이 있으며 알아야 할 것이 있고, 느껴야 할 것이 있다. 엄마의 품에서 사랑을 느끼며 세상을 배우는 것은 성장한 후엔 이미 늦는다. 제대로 뛰어 놀면서 느끼는 생활의 지혜와 삶의 방식이 우선이고 그 다음이 지식의 습득이다.

첫술에 배부른 교육은 없다. 콩나물시루에 물을 주듯이 한번에 그 성과를 보일 수는 없다. 꾸준히 노력하고 오랜 시간 단련할 때 그 결과로 빛을 보게 되는 것이다. 진정한 교육은 기다림이다. 씨를 뿌리고, 물을 주고, 적절한 햇살과 바람을 기도하며 싹이 트기를 기다려 주는 것이다.

자연체험학습이라는 생태교육의 껍데기만을 뒤집어쓰고 꽃 이름이나 나무 이름을 주입하는 어처구니없는 일이 일어나기도 한다. 아이들의 오감으로 자연을 느끼고 자연을 발견하는 체험이어야 하는데 이름 외우기 같은 교실 속 학습을 강요하는 어른의 성급함이 자연학습에서도 나타난다는 사실이 안타깝다.

조급하게 굴지 않아도 새록새록 자라나는 아이를 미리부터 확정하고 재단할 필요는 없다. 우선 아이들이 꽃이나 나무 같은 자연생태에 재미와 친근감을 느끼면 그 다음에 호기심이 생겨 자연스럽게 이름을 알고 싶어 하고, 학습에 필요한 동기가 생긴다. 주입하는 암기교육에 길들어져 있는 어른들의 학습법을 아이들에게 강요하는 것은 자연생태의 공간을 제대로 이해하지 못하기 때문이다. 자연 품에서 아이의 생태적 감수성을 찾아주는 생태체험에서는 학습 성취도의 높고 낮음은 잠시 잊어야 한다.

교육의 진정한 목표는 성적이 좋은 아이를 기르는 것이 아니다. 머리와 가슴, 손이 조화된 전인격적인 인간을 기르는 것이 바람직한 교육목표다. 내 아이가 다른 아이에 비해 못하는 것이 있다면 그것은 못하는 것이 아니라 조금 느린 것이다. 아이에게 쓸데없는 열등감을 심어줄 필요는 없다.

아이들은 천천히 자란다. 그저 뛰어놀고, 웃고, 떠드는 것만으로 아이들은 많은 것을 배운다. 철학자 루소는 〈에밀〉에서 "가장 이상적인 교육은 억지가 없는 자연스러운 교육"이라고 이야기했다. 아이가 스스로 답을 구할 때까지 기다려 줄 때, 아이는 공부의 즐거움을 알게 되고 자신의 역량에 맞추어 가장 최고의 열매를 맺을 수 있다.

아이-자연-사회의 하모니

"아이에게 자연을!"

이 말은 일본 동경의 도시 한 가운데 있는 유치원을 방문했을 때 학부모들이 교문에 써놓은 메시지였다. 과학문명이 발달하고 산업화되는 현 시점에서 아이들의 정서 및 인성교육을 선진국에서는 이미 앞서서 실천하고 있었다.

부모를 따라 나서는 유아시기엔 가능한 한 많이 데리고 다니면서 세상을 두 눈으로 직접 보게 하여 자연 속에 감추어진 무한한 창조력과 아름다움을 관찰 할 수 있는 기회를 제공해주는 것이 중요하다. 일상적으로 매일 자연을 접하는 경험을 통해 아이는 성격형성에 좋은 영향을 받게 된다.

자연은 아이의 가장 좋은 스승이다. 자연 속의 풀과 나무, 햇살과 바람 같은 자연환경이 아이의 인성과 이성, 지능과 감성을 두루 발달시켜준다. 갇힌 공간에서 키우는 아이는 나약하게 자란다. 좁은 공간, 한정된 사물, 위험이

잠재된 공간에서 아이들은 보고자하는 본능, 듣고자하는 본능, 만지고자 하는 본능을 자연스럽게 발산할 수 없게 된다.

몸으로 느끼고 배우는 세상은 자연 속에 무한하다. 직접 만져보고, 듣고, 맛보는 과정을 통해 새로운 정보를 받아들이며 사물에 대한 이미지를 인식하게 된다. 방안에서, 혹은 교실 안에서 교구를 가지고 배운 아이보다는 밖에서 직접 개미나 풀들을 만져보면서 스스로 배운 아이들은 그 이치와 원리까지 깨달을 수 있다. 제 손끝으로 만져보지 않고 느껴보지 않은 채 습득한 지식은 "왜?"라는 문제 인식의 질문을 만들어 낼 수 없다.

여러 연구 결과에 비춰 볼 때, 자연을 온몸으로 느끼며 자란 아이들은 교실에서 책으로만 배운 아이들보다 심성이 곱고 상상력과 호기심, 창의력도 뛰어난 아이로 자랄 가능성이 크다.

우리는 본디 자연과 한 생명으로 서로 분리될 수 없다. 즉, 자연생태계내의 모든 것은 더불어 같이 살아가게 되어 있다. 이 세상의 모든 존재들은 생태적으로 서로 연결되어 있어 서로 공생하고 있다. 다른 사람이나 다른 생명체를 인정하지 않거나 괴롭히는 일은 스스로를 죽이는 일이 된다.

또한 우리는 서로 협력하며 돕고 살아가도록 태어났다. "백짓장도 맞들면 낫다."는 속담도 있듯이 무엇이든 함께할 때 든든하고 힘이 덜 든다. 혼자서는 외롭고 힘들다. 더불어 살아가는 것이 사회의 정도다. 살아가면서 인간사회 속에서 일어나는 여러 문제 가운데 타인과 연관되지 않은 것이 없다. 그래서 인간이 세상을 살아가는데 무엇보다도 중요한 것은 타인의 존재를 인정해주고 협동하는 것이다.

공동체 의식이 점차 사라지고 있는 지금, 교육에서도 아이 개개인의 성장과 발달에 중심을 둠으로써 개인이기주의 내지 가족이기주의에 매몰되는 현상을 보이고 있다. 이러한 이기주의는 유아기에서부터 남을 누르고 이기고자 하는 과도한 경쟁을 부추기는 현상을 낳게 하였다. 내 아이만 잘나면 되고, 내 아이만 최고면 된다는 식의 부모들의 잘못된 이기심으로 승리와 1등만이 사회적으로 인정받고 성공이 보장되는 원리가 작용하는 풍토도 문제다.

그러므로 아이의 개성 존중과 능력 신장 뿐 아니라 공동체의식의 함양이 동시에 이루어져야 한다. 유아교육에서만이라도 경쟁이 없어야 한다. 경쟁보다는 함께 어울려서 이루어내는 힘이 더 강하고 크고 의미 있다는 것을 가르쳐야 한다.

감수성을 키우는 생태교육

♣ 자연을 몸으로 느끼기

꽃의 아름다움에 대해 그림책을 보며 주입하는 것은 자신의 감정이 아니다. 직접 눈으로 보고 만져보고 향기를 맡으면 가슴으로 아름다움을 느낄 수 있다.

♣ 맨발로 걷기

밖에서 놀 때 맨발로 걷거나 뛰어다니면 자연의 부드러운 감촉을 더 잘 느낄 수 있다. 맨발로 논에 들어가면 물기가 많아서 다른 땅에 비해 푹 들어가는 것을 알게 된다.

♣ 자연의 변화에 민감하기

"갑자기 비가 내리네, 나가보자!", "오늘은 바람이 좋네."등 자연의 변화에 대해 긍정적으로 받아들이면 감정에 충실해진다. 계절의 변화를 느끼게 한다.

♣ 생태교육을 하면,

- 호기심이 많아진다.
- 관찰력이 높아진다.
- 집중력이 생긴다.
- 다른 사람을 배려할 줄 알게 된다.
- 건강해지고 밝아진다.

생태교육, 필요한 가치를 창조하는 힘
-생태교육의 효과-

생태와 과학적인 사고

홀트는 '아이들에게 자연을 보여주는 것 자체가 과학교육' 이라고 이야기했다. 자연세계는 아이들의 호기심을 자극하기에 충분하며 그 안에서 살아가는 다양한 생명들의 특성과 변천과정, 그리고 그들 간의 관계망 등에 대한 사실은 흥미진진한 과학적 지식창고와 같다. 그만큼 특별히 구조화된 교육적 계획이 없더라도 아이들은 자연을 접하는 가운데 풍부한 경험을 할 수 있다는 것이다.

과학은 아이의 발달을 돕는다. 아이는 과학 활동을 하면서 눈과 손을 협응

하고 오감을 사용하는 등 과학의 과정에서 자신의 감각과 신체적 기능을 정교하게 발달시키는 기회를 가질 수 있다. 아이의 신체적인 발달과 함께 과학은 정서 발달, 언어 발달도 도우며 사물의 속성, 특징, 유사점, 차이점 등을 이해하는 능력에도 도움을 준다. 이처럼 과학 활동을 통하여 사고 능력 및 문제 해결력이 증진된다.

과학은 지식의 체계라기보다는 사고하고 행동하는 방법이며, 사물의 본질을 발견하기 위하여 시도하는 방법이다. 그래서 과학에 대한 개방적인 태도와 발전적인 생각, 문제 해결력을 강조하는 과학 교육이 필요하다.

그런데 "과학하면 떠오르는 단어가 무엇인가?"하고 물으면 사람들은 '어렵다', '딱딱하다', '실험' 등과 같은 추상적인 단어가 떠오른다고 대답한다. 그러나 지금의 아이들은 '과학'이라는 단어에서 '쉽다', '재미있다', '생활 속에 늘 있는 것이다' 이라고 떠올릴 수 있어야 한다.

그렇다면 "과연 어린 아이들에게 어려운 과학을 어떻게 소개하여야 하는가?"라는 의구심을 가지게 될 것이다. 아이를 위한 과학은 그렇게 추상적이어서 어렵거나 실생활과 동떨어진 내용을 다루는 것이 아니다. 아이의 생활 주변에서 일어나는 모든 자연 현상, 사건, 사물, 사람에 관한 내용이 아이를 위한 과학교육의 범주에 속한다.

우리는 일상생활에서 늘 어떤 현상에 대해 의문을 가진다. 왜 물은 한번 끓게 되면 아무리 온도를 올려도 더 이상 온도가 올라가지 않는 것일까? 사이다 병뚜껑을 열어 놓으면 왜 김이 새어 버릴까? 얼음은 왜 물에 뜰까? 자석은 왜 물건을 잡아당길까? 얼음에 소금을 넣으면 왜 더 차가워질까? 설탕과자에 소다를 넣으면 왜 부풀어 오를까? 감은 왜 오래 두면 말랑말랑해질까? 물과 기름은 섞어도 왜 섞이지 않는 걸까? 왜 달팽이는 색깔 있는 변을 볼까? 아이들은 이런 현상에 대해 끊임없는 궁금증을 가지고, 그 궁금증을 해결하기 위해 끝없이 질문한다.

아이의 주위에는 언제나 과학이 존재하고 있다. 아이들은 모든 것을 자신의 위치에서 바라볼 뿐만 아니라, 자신의 관점에서 해석하기 때문에 아이를 둘러싸고 있는 주변 환경에서부터 과학은 출발되어야 한다.

과학은 반드시 실험 도구가 있어야 하고, 연기 나는 어떤 현상을 만들어야만 하는 것이 아니다. 일상생활에서 볼 수 있는 다양한 물체들을 모은 후 감각을 이용하여 탐색해보게 하거나 과학적인 원리를 쉽게 알 수 있는 재미있는 요리 활동을 해보거나 물과 모래, 거울, 공이나 물감, 빛 등을 이용한 놀이를 생활 속에서 즐기도록 하는 것도 엄연한 과학교육이다. 풍선으로 로켓을 만들거나 종이와 빨대로 고리비행기를 만들어 날려보고, 깡통을 이용하여 소리를 내어보는 등의 간단한 실험을 해보거나, 우유팩, 종이컵, 휴지 속대, 페트병, 쇼핑백 등의 폐품을 이용한 과학놀이 교구를 만들어 활동해볼 수도 있다. 또한 슈퍼마켓에 가서도 과학을 경험할 수 있으며, 다양한 정보가 가득한 책을 통해서도, 이제는 생활 속에 깊숙이 자리 잡고 있는 컴퓨터를 통해서도 과학을 경험할 수 있다.

어릴 때부터 산더미 같은 무미건조한 지식을 무조건 암기하는 것은 과학에 대한 흥미를 잃어버리게 할 뿐이다. 어떤 면에서는 예전의 방식이 과학을 배우는 더 좋은 방법일 수 있다. 과학이라는 이름으로 부르지는 않았지만 하루 종일 자연을 벗 삼아 뛰어 놀며 산과 들에서 과학을 배웠다. 그런 면에서 지금의 부모와 교사는 아이들이 주변에 있는 여러 가지 것들을 돌아보면서 많은 것에 호기심과 관심을 가지고 손과 머리로 직접 경험하면서 배울 수 있는 기회를 제공해주어야 한다.

이 때, 지구라는 생태속의 공기, 물, 흙이 바로 과학교육의 내용이 될 수 있다. 이러한 생태학적 접근의 과학교육에서는 흙, 공기, 물과 같은 주제를 교육 내용으로 하되, 이러한 주제에 관한 지식에 초점이 맞추어지지 않도록 주의해야 한다. 유아기의 자연 교육은 인지적 영역보다는 정의적 영역을 우선해야 하기 때문이다.

아이를 둘러싼 수많은 자연현상 중에서 유아가 흥미 있어 하는 최소한의 주제 속에서 아이가 문제를 발견하고 그 자연과학의 터전과 아이 자신의 공존적 관계를 느낄 수 있다면 수많은 주제를 다룬 것보다도 더 의미 있는 활동이 될 수 있다. 따라서 생태학적 접근은 이성중심의 내용만이 아니라 생명을 느끼고 더불어 삶의 지혜를 가지는 감성중심, 실천중심의 방향으로 구성되어야 한다. 자연 세계에서의 다양한 경험은 아이에게 발달의 모든 측면에서 성장을 도모해줄 수 있으므로 산책과 바깥놀이 등을 통하여 과학적 탐구 능력 역시 신장시킬 수 있다.

효과적인 과학교육을 위해

① 아이들이 과학 공책을 갖게 해 준다.

많은 부모님들이 아이들이 글을 쓰기 시작하며 일기장은 마련해 주지만 과학 공책을 권하는 부모나 교사는 그리 흔치 않다. 주변에서 본 것을 그림으로 또 글로 기록할 수 있도록 도와주자.

② 과학에 흥미가 없다면 처음부터 과학이라는 말은 사용하지 않는다.

아이들은 실제로 과학이라는 것을 인식하지 않으면 과학을 더욱 좋아한다. 예를 들어 과학을 싫어하는 아이들도 야구에서 타자가 던지는 커브 볼의 과학적 원리는 재미있어 하고 혹독한 환경에서 살아남을 수 있는 옷을 디자인하거나 우주인을 상상하는 것은 좋아한다. 또 과학은 싫어해도 만화경을 만들거나 연, 비행기를 만드는 것은 좋아하거나 동물의 서식지를 만들어 보고 그 안에 살아있는 생물을 키우는 것도 좋아한다. 단지 과학을 싫어하는 아이에게 이런 것이 모두 과학의 한 부분이라고 말하지 말자. 그저 좋아하는 것을 즐길 수 있게 한다.

③ 부엌에서 과학을 찾아준다.

간단하게는 냉장고의 물과 냉동실의 얼음을 비교하며 온도에 따른 물질의 변화를 배울 수 있다. 밀가루를 반죽하며 물질의 혼합을, 찌개를 끓이면서 열에 의한 물질의 변화를 알게 되는 것이다. 그리고 반죽과 같은 신체활동을 통해 스트레스도 해소할 수 있다. 요리 속에 다양한 공부가 있음을 알게 해 주자.

④ 예술적인 과학, 창조적인 과학에 대해 강조해준다.

호기심 많고 창의력이 풍부한 아이들은 태양계의 행성들을 그리거나 주름이 잡힌 멋진 종이로 열대 우림을 꾸미는 것을 매우 좋아한다. 물론 여러 가지 모양의 돌멩이로 예쁜 정원을 꾸미거나 색팽이를 만드는 것도 마찬가지로 좋아한다. 환경을 보호하는 아이라면 재활용품을 이용해 멋진 작품을 만들 수도 있다.

⑤ 약간의 경쟁심을 유도한다.

친구들을 함께 모아 집에서 직접 만든 배로 배 띄우기 시합을 열어 보자. 아니면 여러 친구에게 다른 방법으로 식물을 기르도록 하여 누구의 것이 제일 좋은가 품평회를 열어도 좋다. 또 밤에 나가 달이 변화하면 은빛의 초생달 찾기 대회를 열어 보자.

⑥ 아이에게 내재되어 있는 호기심을 자연스럽게 유도해준다.

아이들이 충분히 해결할 수 있는 문제를 주자. 아이들은 녹말에 대해서 시험해 보거나 산과 염기에 대해 알아보는 것을 매우 좋아한다. 특히 녹말로 쓴 보이지 않는 글씨와 요오드 용액의 마술은 유아의 호기심을 자연스럽게 이끌어 낼 수 있다.

⑦ 시간을 잘 이용할 수 있도록 해준다.

겨울에는 창에 맺힌 눈의 결정을 돋보기로 관찰하여 그리도록 하며, 앞마당이나 뒷마당의 그늘진 곳에서 눈이 어떻게 변하는지 관찰하게도 한다. 여름 방학이 끝나고 나면 잎으로 번식하는 식물로 예쁜 꽃을 키워 다음 해에 어버이날이나 스승의 날에 선물을 할 수 있도록 한다.

⑧ 휴가 중에도 과학을 항상 염두에 둔다.

바닷가에 놀러 가면 함께 조석에 대해 이야기를 나누어 보기도 하고 또 병에 소식을 실어 바닷가에 띄워 보낼 수도 있다. 역사적인 지역을 방문한다면 오래된 건축 양식이나 정원을 현재의 것과 비교해 보도록 한다. 돌이나 화석, 조개껍데기, 해변가의 모래, 해초, 예쁜 잎들을 수집해보자. 또 밤이면 밖으로 나가 깜깜한 밤하늘에 빛나고 있는 행성이나 인공위성, 별똥별을 함께 찾아보는 것도 좋다.

⑨ 여유를 가진다.

하던 일을 멈추고 잠시라도 여유를 갖고 주변을 돌아본다면 우리 주변에서 일어나고 있는 과학적인 현상들을 많이 관찰할 수 있다.

⑩ 안전하게 그리고 즐겁게 과학을 경험할 수 있도록 해준다.

과학은 우리의 생활과 동떨어진 것이 아니다. 과학은 우리의 생활과 아주 밀접하게 연관되어 있으며 매일 매일의 생활에서 발견할 수 있는 것이다. 아이에게 발견의 기쁨을 느낄 수 있도록 하자. 그러면 자연히 과학적인 사고를 하는 아이, 과학적인 기술을 함양한 아이, 창의적인 탐구를 하는 아이로 성장하게 될 것이다.

스스로 탐구하는 능력

아이들의 자연관찰활동은 스스로 탐구하는 능력의 첫걸음이다. 자연을 관찰하는 활동은 아이들이 주위의 여러 가지 사물이나 현상을 관찰해보고 궁금해하고 변화과정을 살펴보는 등의 능동적인 탐색활동으로써 아이들의 탐구능력을 기르는 기초가 된다고 할 수 있다.

자연관찰활동은 아이가 자신의 생각과 이해를 넓히고 다른 문제나 상황에 적용할 기술을 발달시킬 수 있게 만들어 준다. 이때, 관찰활동 자체도 중요하지만 어떤 '조건' 에서의 관찰활동인가 하는 점도 간과할 수 없다.

자연의 모든 것은 독립적으로 존재하지 않는다. 특히 생명체는 주변환경과 유기적인 관계를 맺으면서 살아가기 때문에 관찰이라는 명목으로 생명체만 분리하여 보는 것은 온전한 이해에 다다를 수 없다. 길가에 핀 꽃은 그 시간, 그곳에 피어있다는 것에 의미가 있는 것이다. 그것을 꺾어 다른 곳에서 관찰하게 하는 것은 이미 관찰의 의미나 목적을 상실했다고 할 수 있다.

진정한 의미의 자연관찰활동은 온전히 자연 속에서 관찰 대상을 직접 접하는 것이다. 인위적이고 제한적인 공간에서 벗어나 적절한 시간, 자유로운 자연 속으로 아이들을 데리고 나가야 한다. 그럴 때, 아이들의 경험이 확장되고 개념을 확고히 하는 효과를 맛볼 수 있다.

솔직히 생태교육의 효과를 수치상으로 객관화시켜 말하기는 어렵다. 어제는 1+1을 모르던 아이가 덧셈은 배우고 1+1은 물론 1+2까지 알게 되는 것처럼 어제 관찰활동을 했다고 오늘 자연의 모든 변화를 줄줄 읊게 되지는 않는다.

생태교육의 효과는 흡사 자연의 변화와 비슷하다. 어느 날 얼었던 땅에 싹이 돋는 것처럼, 어느 순간 돌아보면 꽃눈이 맺혀있는 것처럼, 자연 속 가르침은 조금씩 아이 안으로 스며들고 있는 것이다. 그렇게 스며든 인성은 한순간에 꽃망울이 터치 듯 활짝 피어나게 된다.

분명 생태교육을 통한 변화는 확연하지 않다. 그러나 흙, 물, 불, 공기 등 생태학적인 주제에 따른 직접적인 자연관찰활동은 아이들의 인지발달과 과학적 능력에 미친다는 사실은 아이들의 대화를 주의 깊게 들어보면 확인할 수 있다. 그것은 많은 인내를 필요로 하는 것이지만 그만큼 단편적이지 않은, 유기적인 지식과 문제해결력을 갖추도록 해준다.

태도의 변화

다음의 대화들을 살펴보자.

매주 3~4회씩 자연 속에 직접 나가 여러 가지 활동을 하며 체험학습을 한 아이들을 대상으로 공기나 흙 등에 대한 인지능력을 확인해 보았다. 바람에 대한 느낌, 흙의 필요성 등 간단한 질문이지만 아이들의 대답 속에는 직접 체험하고 생각한 지식들이 생생하게 살아 있다.

아래 대화는 '공기'를 주제로 야외 견학 후 토의한 내용이다.

[대화1]

교사 : 우리 친구들 오늘은 바람과 공기에 대해서 이야기해볼 거예요.
　　　 자, 밖에 나와 보니 바람이 참 좋지요?

유아들 : 네

유아 : 얼굴에 부딪히는 거 같아요.

교사 : 아, 그렇구나! 선풍기 바람하고는 어떻게 다를까요?

유아 : 밖의 공기는 냄새가 나는 것 같아요.

유아 : 더 부드러워요.

유아 : 우와, 숨을 크게 쉬면 공기가 많이 들어오는 거 같아요.

유아 : 입을 막으면 못 들어가.

유아 : 그럼 죽어.

교사 : 어머 그렇지. 공기를 안마시면 숨을 못 쉬니까.

유아 : 그럼, 강아지도 숨 쉬면 공기를 마시겠네요.

교사 : 네, 그래요.

유아 : 꽃도 나무도 숨을 쉰데요.

유아 : 그럼 공기가 많이 있어야겠네.

유아 : 공기는 많아. 하늘만큼 이렇게(팔 벌리며)

유아 : 맞아. 우리 캠프 갔을 때 미끄럼 탄 것도(에어바운스를 이야기한 것
　　　같다) 공기가 들었댔어.

유아 : 수영할 튜브에 공기가 없으면 물에 빠져 버려.

교사 : 우와, 공기가 이렇게 우리한테 가까이 있었네요. 선생님도 공기가
　　　없으면 안 된다고 생각했는데 너무 많이 가까이 있어서 잊어버릴 때
　　　가 있었어요. 우리 고마운 공기에 대해 이야기해봤어요.

위의 대화를 보면 아이들은 자신의 일상생활과 연결하여 자연을 느끼고 받아들인다는 사실을 알 수 있다. 자연 곧 공기를 자신의 일상생활과 가깝게 받아들이는 것이다. 무엇보다 강아지, 꽃, 나무 등이 자신과 똑같이 공기를 통해 숨을 쉬는 생명이라는 것을 인지하고 그들의 입장에서 느끼고 자연과 동감하고 있다.

이번에는 '흙'을 주제로 '흙이 필요해요'에 대한 세부적인 내용에 대해 이야기한 내용을 그대로 옮긴 것이다.

[대화2]

교사 : 오늘은 흙이 왜 필요한 지 알아보기로 해요.

유아 : 흙은요, 집을 지어요.

유아 : 농사를 지으려면 흙이 있어야 해요.

유아 : 길도 만들고요.

유아 : 산도 돼요.

교사 : 그래, 산도 있어야 하는 거고. 또.......

유아 : 산에 흙이 있으니까 나무가 자라지요.

유아 : 그러면 홍수가 안 난댔어.

교사 : 흙은 잘 생각해보니 정말 필요하구나.

유아 : 또 있어요. 선생님. 뭐냐면요, 동물들이 흙에서 놀아요. 잠도 자고,

　　　땅굴도 파고....... 개미집이랑 봤어요.

유아 : 흙으로 된 찜질방도 갔어요. 지난번에 엄마랑요.

유아 : 우리 엄마는 집에서 얼굴에 발라.

　　　이렇게(얼굴을 덮으며) 귀신처럼(히히). 예뻐진데. 그렇지요?

교사 : 하하. 어머니께서 진흙팩 하시는 걸 봤구나.

　　　그래 흙은 여러모로 좋구나.

유아 : 저번에 진흙놀이 할 때 재미있었어요.

교사 : 응, 그래. 흙이 우리에게 이렇게 필요한 걸 알게 되었네.

유아 : 그러니까 흙을 깨끗이 해야지요.

유아 : 쓰레기를 버리면 안돼. 그래야 흙도 우리를 좋아하지.

교사 : 우리 친구들이 너무 좋은 생각을 했어요. 우리 친구들이 이야기한
　　　 것을 종이에 써 보자.

위의 대화에서 아이들은 "그러니까 흙을 깨끗이 해야지요.", "그래야 흙이 우리를 좋아하지."와 같은 결론을 도출해 내고 있다. 자연과의 동감을 넘어서 아이들은 흙과 인간의 공존관계를 인식하며 자연과 사귀는 방법을 배운 것이다.

[대화3]

교사: 우리 친구들, 흙에 대해서 알아봤는데요. 오늘은 흙의 친구들을 알아보기 위해서 논과 밭에 들어가 보겠어요.

유아 : 신발을 벗고 들어갈 거예요.

교사 : 그래. 다른 친구들도 맨발로 밭에 들어가 보고 느낌이 어떤지, 그리
　　　 고 무엇을 발견했는지 말해보기로 해요.

유아 : 벌레가 있어요. 흙 속에요.

유아 : 땅을 파니까 지렁이도 나와요.

유아 : 개미가 많아요.

교사 : 그래 많은 친구들이 있었네.

유아 : 개미집이 땅 속에 있나 봐요. 여기 막 들어가요.

유아 : 지렁이도 땅 속에 집이 있나 봐요.

교사 : 그랬구나.

유아 : 집을 부수면 안 돼. 잘 보살펴 줘야지. 그렇지요. 선생님!

교사 : 그렇구나. 우리 친구들 말이 맞구나. 그럼 어떻게 해야겠니?

유아 : 살살 걸어 다녀요. 포크 레인으로 파면 안 돼요.

유아 : 아냐! 흙을 더럽히면 안돼.

유아 : 흙이 밥도 되니까. 소꿉놀이 할 때도 밥으로 했잖아.

유아 : 선생님 내 발가락에 흙이 많이 들어왔어요.

교사 : 하하. 네가 좋은가봐. 친구처럼 아껴주니까.

　　　그래, 흙은 친구들이 많구나.

아이들은 "살살 걸어 다녀요.", "포크레인으로 파면 안 돼요.", "내 발가락에 흙이 많이 있어요." 등과 같은 이야기를 한다. 이는 흙을 직접 밟으면서 흙에 대한 느낌이나 감성에 변화가 왔다는 것을 의미한다. 아이들은 피부로와 닿는 흙을 느끼면서 자연과의 친밀성이 형성되고 나아가 자신을 자연의 일부로 인식하고 있다.

지식의 변화

직접적인 자연관찰활동은 자연에 대한 태도의 변화 뿐 아니라 지식에까지도 영향을 준다. 특히, 야외에서의 활동이 많으면 많을수록 과학적인 개념의 폭은 넓어지고 지식의 깊이는 깊어진다.

먼저 '흙은 여러 가지래요' 라는 주제로 1차 관찰활동 후 아이들의 토의내용을 살펴보면 다음과 같다.

[1차 자연관찰활동]

소그룹으로 자연을 관찰하여 실외에서 직접 흙을 가지고 온 후대 그룹으로 모여 활동 결과를 발표하고 토론하였다.

교사: 우리 친구들이 실험해보니 진흙, 모래, 자갈, 진흙, 찰흙, 황토에서 어떤 변화가 생겼어요?

유아: 진흙하고 찰흙, 황토가 물에 섞였어요.

유아 : 물색이 달라졌어요.

유아 : 진흙색이 제일 더러워요.

유아 : 황토가 섞이니 제일 맑아졌어요.

유아 : 근데 흙이 다 녹아버렸나 봐요.

유아 : 모래는 색도 생기고 모래도 남았어요. 이상하다. 녹긴 녹았는데 다 안 녹았네. 자갈은 그대로네요.

교사 : 그래, 우리 친구들이 잘 알아냈어요. 우리가 실험한 걸 종이에 적어 보자. 어떤 것을 적을까?

유아 : 자갈은 물에 녹지 않아요.

유아 : 황토, 진흙은 물에 녹아요.

유아 : 흙이 녹으면 물의 색이 달라졌어요.

위의 대화에서는 여러 가지 종류의 흙에 따른 단순한 물리적 특성이 대부분이다. 특히, 눈으로 볼 수 있는 관찰내용으로 흙에 대한 개념이나 지식이 제한되어 있음을 알 수 있다.

[3차 자연관찰활동]

교사 : 여기 흙이 많이 있지요.

유아 : 나무 밑이요. 길속에 흙이 있어요.

교사 : 흙이 참 많지요.

유아 : 여기도(밭을 가리키며) 흙이고, 저기도(운동장의 잔디) 흙이지요?

교사 : 그래 또 흙을 찾아보자.

유아 : 길(시멘트 포장) 밑에도 흙이 있어요. 꽃밭에도요.

　　　제가 흙을 밟고 있어요.

교사 : 아, 그렇구나. 흙이 참 많구나. 흙은 어떻게 사용할까요?

유아 : 흙으로 산을 만들어요.

교사 : 그래요. 큰 산도 흙으로 만들어져 있지요. 또?

유아 : 모래시계요.

교사 : 모래시계?

유아 : 네 모래시계 안에 모래가 반절 있어요.

교사 : 그랬구나. 또 흙으로 무엇을 할까요?

유아 : 옛날에는 벽돌이 없어서 집을 지을 때 벽돌대신 흙으로 지었어요.

교사 : 맞아요. 흙으로 초가집을 만들었어요. 또 뭐가 있을까요?

유아 : 길도 만들었어요. 이 길처럼요.

유아 : 컵이나 도자기를 만들어요. 개미집도 흙으로 만들어졌어요.

교사 : 또 어떻게 사용할 수 있을까요?

유아 : 뱀이랑 개구리도 겨울잠을 잘 때 흙 속에서 숨어서 자요.

교사 : 그럼. 우리 친구들이 이야기한 것을 그림으로 표현해 보자.

-흙에 대한 표상활동

〈1차 자연관찰활동 후〉

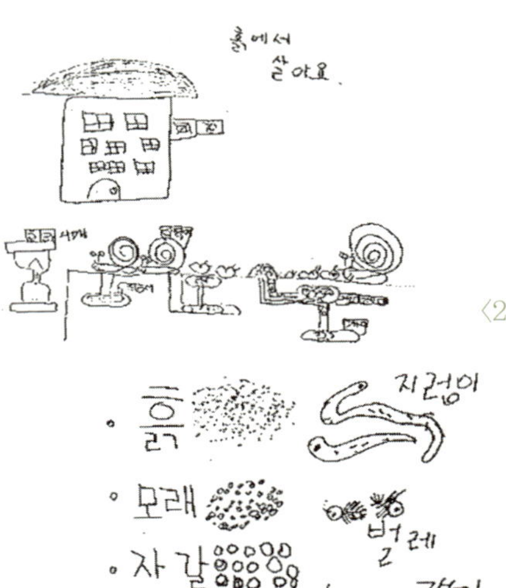

〈2차 활동 후〉

〈3차 활동 후〉

[1차 자연관찰활동]은 단순한 지식의 인식이나 흙의 물리적 특성에 대해 표현하는 수준이었으나 위의 [3차 자연관찰활동]에서는 일상과의 관련성, 흙의 중요성, 우리 인간 및 자연에의 공헌 등에 대해 이야기하고 있다. 단순한 사실을 뛰어넘어 알게 된 사실을 일반화하고 적용하는 단계로 나아간 것이다.

자연관찰활동을 통해서 아이들은 직접 경험하고 자세히 관찰하고 표상해 봄으로써 새롭게 문제를 발견하고 해결할 수 있는 능력이 향상된다. 체험을 통해 스스로 깨우친 지식으로 아이는 과학적인 문제를 더 많이 발견하고, 과학적으로 적절한 용어로 진술하며, 문제를 해결하기 위해 다각적인 방법으로 생각해보고 실천하며 스스로 찾은 방법을 적절히 적용할 수 있는 단계까지 나아가는 것이다.

자연관찰활동과 같은 생태적인 교육은 아이들이 충분히 탐색할 수 있는 자료는 물론, 자료를 탐색할 수 있는 자유로운 분위기를 허용하여 동기를 유발한다. 나아가 다양한 방법을 통해 새로운 사실을 발견하게 하며 발견된 새로운 사실을 새로운 환경에 적용해볼 수 있도록 하여 아이의 탐구 및 사고 능력을 증진시킨다. 아이들은 자연 속에서 자연현상을 직접 관찰함으로써 자연에 대한 이해가 깊어지고 친화력이 길어지는 동시에 과학적인 사고 능력까지 발달하는 것이다.

자연관찰활동에 따른 아이들의 개념확장

– 흙 개념도

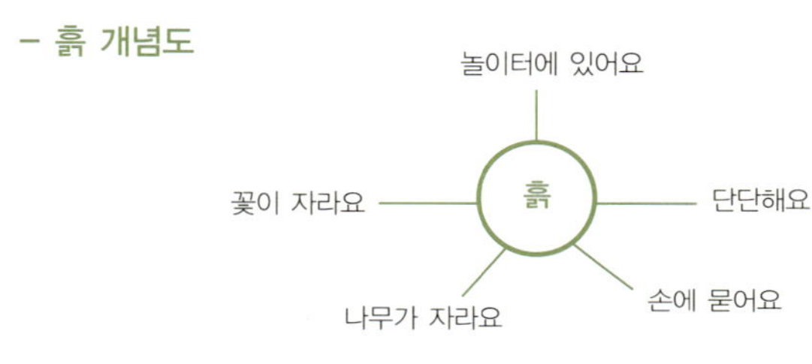

〈자연관찰활동 전〉

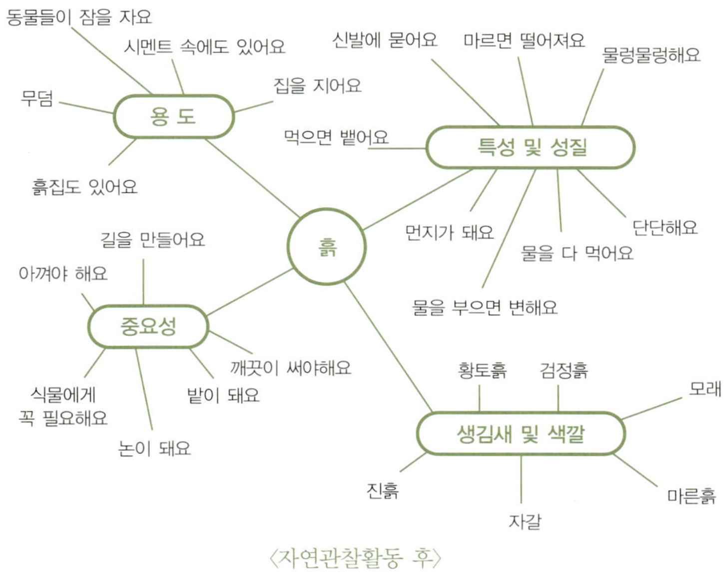

〈자연관찰활동 후〉

체험으로 얻는 생태지혜

아이는 종일 콩콩거리며 재잘거리며 까르르 웃는 소리로 자연을 채운다. 자연은 누구든 받아주고 반기는 품이 있어 열려있고 누구도 독점하지 않는다. 허물없이 바닥에 둘러앉기도 하고, 잔치 같은 흥겨움이 만들어지기도 한다. 거기에서 아이들은 품을 배우면서 큰다. 윽박지르지 않고 너그러이 들어주고 품어주는 이웃의 지지와 격려를 받으면서 마음 키를 키운다. 아이들은 다정한 몸짓과 따스한 웃음과 손의 온기를 기억한다. 종일 이야기가 만들어지는 자연에서 아이들은 자신이 얼마나 소중한 존재인지를 몸으로 느낀다.

그렇게 생명이 깃들어 있는 풍경은 아이의 본성이 나타나는 곳이어야 한다. 그러기 위해서는 자연의 품속에서 자연의 품성을 닮아야 한다. 어른들이 일을 통해 자기 정체성을 찾는다면 아이는 놀이를 통해 자아를 넓혀간다. 이러한 때에 자연이라는 열린 공간은 가장 아이다움을 찾아주는 공간이다. 아이의 무한한 가능성을 발견하려면 아이의 무한한 잠재력을 인정하고 열어두는 자세를 가져야 한다.

생태교육 활동에는 생태나들이를 중심으로, 자연의 순환과 사람의 먹을거리에 대한 생각, 텃밭 가꾸기를 통한 농사짓기 등이 있다. 아이들의 눈으로 숲을 보고 귀로 숲을 듣는 등 온몸으로 자연을 느끼면서 생태감수성을 품는다. 그러는 사이 서로 소통하는 관계 짓기, 다름과 차이를 존중하며 공존하고 연대하는 능력이 자연스레 길러진다. 아이들은 기다림과 생태의 순환을 배우고, 흙을 만지며 일하는 소중함을 몸으로 배운다.

텃밭에서 가꾸는 호박들은 지혜롭다. 마찬가지로 나무들, 강들, 바다들, 동물들과 지구에 사는 모든 피조물들은 지혜롭다. 우리는 지혜로운 우주 가운데 살아있는 하나의 행성에 살고 있다. 지혜는 사람만 가지고 있는 것이 아니다. 자연은 스스로 조직하고 스스로 조절하며 스스로 고치는, 그야말로 살아있는 유기체다. 생명이 있는 곳은 어디든지 지혜가 있다. 그러기에 생태계 속의 지혜로운 체계에서 아이들은 생태 지혜를 배운다.

현대의 기계문명 속에서 우리는 자연마저 간접적으로 보고 듣는다. 자연 세계에 대한 지식은 대부분 텔레비전을 통해서 얻는다. 추위, 더위, 비, 눈, 천둥, 번개 그리고 야생동물의 울음소리를 브라운관을 통해 밋밋하게 전해 듣는다. 이러한 생물권과의 격리와 단절은 심각한 지혜의 결핍을 가져온다. 자연 스스로 품고 있는 지혜를 발견하고 체험을 통해 얻은 자연에 대한 지혜로 돌아가야 한다. 자연은 조종하거나 이용하는 물건처럼 밖에 있는 것이 아니다. 우리 아이들은 자연이다. 결국 생명은 하나라는 사실, 모습은 다르지만 그 수많은 형태로 스스로 생명을 증명하는 하나라는 사실을 자연 속에서 자라며 배워야 한다.

자연의 힘

♣ 자연을 즐길 수 있게 한다. 아이는 물웅덩이가 있으면 풍덩 뛰어놀고 싶어 하고 나무가 있으면 올라가 보고 싶어 한다. 비가 오면 입으로 비오는 소리를 내고 놀 줄도 안다. 아이는 맑은 날씨에는 맑은 것을 즐기고, 비가 올 때는 비가 오는 것을 즐긴다.

♣ 자연은 훌륭한 교재가 된다. 돌멩이 하나도 훌륭한 교재가 된다. 돌멩이를 이리 보면 닭 같기도 저리 보면 코끼리도 되고 뒤집으면 거북이도 된다. 자연은 아이의 무한한 상상력과 창조적 연상 작용을 자극하는 대상이 된다.

♣ 자연에 대한 감동은 아이들끼리의 공감의 폭을 넓게 해준다. 아이는 자연의 섬세한 움직임에도 순수한 감동을 느낀다. 바람이 불어도 살얼음이 얼어도 풀 한 포기를 보고도 감동할 줄 알며 이런 감동을 나누고 싶어 한다.

♣ 자연은 아이들에게 스스로 무엇인가 만들어 보고자 하는 의욕을 불러일으키고, 진실을 알고자하는 탐구심을 길러준다. 아이들은 물이나 모래와 같은 유체를 좋아한다. 이는 자신이 마음껏 조작하고 싶어 하기 때문이다. 아이들의 손놀림에 따라 그것들은 금방 새로운 반응을 아이들에게 보이고 아이들은 그로 인해 왜 그럴까 하는 사고력과 탐구심을 키워나간다.

♣ 텃밭 일구기 같은 생산 활동은 과학적 인식을 길러주고, 인간관계를 길러준다. 감자를 자기 손으로 길러 본 아이들의 감자 그림은 그런 경험이 없는 아이들의 그림과는 다르다. 오랜 직접 경험은 치밀하고도 확실한 관찰력을 길러준다.

♣ 동물을 기르는 것은 동물의 생태를 배우게 함과 동시에 살아있는 것에 대한 애정이 생기게 되고 생명의 존귀함을 배울 수 있게 한다. 가까이에서 동물을 대하며 얻은 '생명의 존엄성'에 대한 경험은 어른이 된 다음에는 할 수 없는 눈에 보이지 않는 보물 같은 경험이다.

♣ 자연은 계절 감각을 길러 준다. 봄, 여름, 가을, 겨울로 계절이 변화한다는 것은 누구나 알지만 이러한 계절의 변화는 긴 시간을 인식하는데 중요하다. 아이들은 계절의 변화에 대한 인상과 재미있었던 놀이들을 기억에 남겨 놓고 그것이 주기적으로 다시 돌아온다는 긴 시간의 흐름을 알게 된다.

–일본 곤도오 시케키–

둘.

풀빛 속으로 번지점프를

※ [푸름이 이야기]는 생태유아교육을 하면서 생각했던 바를 짧은 동화 형식으로 엮어본 것이다. 나무와 이야기하며 자연 속 생명을 느끼고, 텔레비전이나 컴퓨터가 없이도 다채로운 놀이문화를 만들어가며, 옆의 친구를 꼭 껴안아줄 수 있는 아이들로 쑥쑥 자라기를 기대해본다.

아가야 나오너라 달맞이 가자
앵두 따다 실에 꿰어 목에다 걸고
검둥개야 너도 가자 냇가로 가자

비단 물결 남실남실 어깨춤 추고
머리 감은 수양버들 거문고 타면
달밤에 소금쟁이 맴을 돈단다

아가야 나오너라 냇가로 가자
달밤에 달각달각 나막신 신고
도랑물 쫄랑쫄랑 달맞이 가자

– 동요 〈달맞이 가자〉

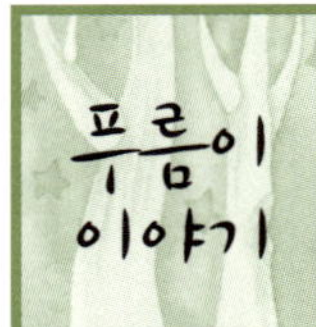

나무와 대화하는 아이

"엄마, 꼭꼭 약속이야. 손가락 걸어. 진짜 진짜 약속한 거다!"

아까부터 푸름이는 엄마에게 몇 번이고 다짐을 받고 있다. 혹시 엄마가 맘을 바꾸지는 않을까, 막상 그곳에서 말을 바꾸면 어쩌지......, 이 기회를 놓치면 안 되겠다는 생각에 푸름이는 엄마의 새끼손가락을 잡고 놓아줄 생각을 하지 않는다.

"푸름아, 차 조심해! 함부로 뛰어다니지 마!"

"푸름아, 푸름아, 사람들이 너무 많잖니. 얌전히 있어!"

"푸름아, 요 앞에 공사 하더라. 당분간 인라인은 금지다."

“푸름아, 비 온다. 비 맞지 말고 빨리 빨리! 요새는 산성비라더라. 몸에 안 좋아.”

그동안 엄마 입에서 흘러나온 소리라고는 이것 안 된다, 저것 안 된다, 조심 또 조심이라는 소리뿐이었다. 심지어 유치원에 가는 푸름이의 등뒤에다 “유치원 밖으로 나오지 마라! 차 다니니까 위험해! 교실에만 있어!”라고 이야기하는 엄마!

“여기서도 안돼!”

“저기서도 안돼!”

엄마의 말을 따르자니 세상은 푸름이에게 온갖 위험한 것 투성이다.

물론 엄마의 마음이야 십분 이해하지만 그저 안 되는 것으로만 가득한 세상은 여섯 살 푸름이에겐 답답하기만 했다. 아파트 놀이터의 모래사장도, 아파트 옆에 드문드문 서 있는 몇 그루 나무들도 푸름이의 마음을 채우기에는 역부족이다.

그러나 바로 내일이면......, 엄마의 약속까지 받아낸 푸름이의 마음이 푸른 하늘에 떠다니는 구름을 좇아 둥실둥실 떠오른다. 엄마를 졸라 입을 옷까지 미리 다 챙겨놓고 잠자리에 누운 푸름이의 마음은 벌써 내일을 향해 달려가고 있다.

엄마와 함께 외출을 했다 뒤따라 돌아오는 푸름이의 얼굴이 뿌루퉁하게 부어 있다. 입을 삐죽거리는 것을 보니 무언가 단단히 불만에 찬 모양이다. 오랜만에 엄마와 밖에 나간다고 방방 뜨던 아침과는 너무도 다른 모습에 아빠는 자기도 모르게 푸름이의 눈치를 보며 엄마를 향해 살짝 눈짓을 한다. '왜?', 엄마는 어깨를 한번 으쓱하더니 고개를 설레설레 흔들며 방으로 들어가 버린다.

"무슨 일이야?"

엄마를 뒤따라 방으로 들어온 아빠는 급히 물었다.

"몰라, 잘 놀고 집에 오는데 애가 갑자기 흙탕물에 손을 넣으려고 하잖아. 더럽다고 야단쳤더니 갑자기 자기 혼자 쌜쭉해져서 저러네. 물어도 대답도 안 하고."

푸름이의 뚱한 표정은 저녁을 먹을 때까지도 계속되었다. 시위라도 하듯 밥도 먹는 둥 마는 둥 하는 푸름이. 이렇게 대놓고 행동하는 걸 보면 푸름이는 분명 엄마가 잘못했다고 생각하고 있다는 뜻이다. 다른 때 같으면 이런저런 이야기를 하며 아이를 달래려 할 텐데 입을 꾹 다물고 있는 걸로 봐서 엄마도 푸름이의 행동이 영 마뜩치 않는 눈치다. 그렇게 무거운 저녁식사 후에 안 되겠다 싶은 아빠는 손수 사과를 깎고 차를 준비했다.

"여보, 푸름아!", "푸름아!"

아빠의 부름에 엄마도 푸름이도 일단은 방에서 나왔다. 사과 쟁반을 가운데 두고 머뭇머뭇 자리를 잡는 폼들이 아직 불만이 풀리지 않은 상태다.

"오늘 일에 대해 이야기를 한번 해보자."

아빠가 사과 한쪽씩을 엄마와 푸름이에게 건네며 차분히 입을 열었다. 사각, 사과 씹는 소리만 조심스럽게 들릴 뿐 한참동안 아무도 입을 열 생각을 하지 않는다.

"아빠가 볼 때는 푸름이가 잘못한 거 같은데 왜 오히려 화가 나 있는지 모르겠네? 푸름이가 더러워질까봐 엄마가 화를 내는 건 당연한 거야. 혹시 푸름이한테 안 좋은 병균이 옮을 수도 있고 또......."

"지렁......."

아빠의 말이 이어지는 중간에 푸름이의 입술이 달싹거리더니 억울한 듯 울먹이는 소리가 흘러나왔다.

"지렁.......이는 착한 친구라고......., 라고 해놓고......."

엄마도 아빠도 엉뚱한 푸름이의 대답에 순간 어안이 벙벙해졌다. 떠듬떠듬, 입속에 사과는 채 삼키지도 못한 채 푸름이의 이야기는 이어졌다.

푸름이의 이야기에 따른 사건의 전모는 이러했다.

최근 들어 숲속 학교니, 자연학교니 하는 생태교육 관련 기사들을 접한 푸름이 엄마는 생태관련 학습에 부쩍 열을 올리기 시작했다. 매주말 자연박람회나 생태교실과 같은 곳을 찾는 것이 이젠 당연한 일이 되었다. 그날 푸름이와 엄마의 외출도 〈땅속 친구들〉이라는 전시회에 가기 위함이었다. 지금은 거의 사라져버린 땅강아지, 한눈에 볼 수 있게 단면도 형식으로 구성해놓은 개미집, 논에 유익한 지렁이 등 제법 잘 꾸며 놓은 전시회는 푸름이의 흥미를 돋우고 관심을 끌기에 충분했다. 이것저것 처음 보는 것들에 신기해하며 유심히 살펴보는 푸름이의 모습에 엄마도 기분이 좋았다.

점심까지 맛있게 먹고 돌아오는데 어제 내린 비 때문인지 아파트 앞에 작은 웅덩이가 만들어져 있었다. 그 웅덩이를 돌아오려는 데 꼼지락, 웅덩이에 몸을 반쯤 걸친 자줏빛 작은 지렁이의 움직임이 푸름이의 눈에 띄었다.

"지렁이가 있는 흙은 아주 좋은 성분으로 되어 있다는 뜻이에요. 지렁이는 흙속의 나쁜 찌꺼기들을 없애주고 또, 흙이 숨을 쉴 수 있도록 흙에 숨구멍을 내주는 아주 기특한 일을 한답니다."

전시회에서 예쁜 언니가 지렁이에 대해 이야기해주던 것과 옆에서 엄마가 '지렁이는 참 착한 친구'라고 맞장구를 친 것이 떠올랐다. 전시회에서 보기는 했지만, 그래도 자기 집 가까이에서 처음 발견한 지렁이가 마냥 반가운

맘에 손을 뻗었다.

"에구, 징그러."

엄마의 발이 지렁이를 밟은 건 순간이었다. 동시에 찰싹, 하고 푸름이의 손을 때렸다.

"더럽게! 흙탕물에 손 넣지 마!"

처음 와본 수목원은 푸름이에게 별세계 같았다.

수목원의 굵직하고 길게 뻗어 올라간 나무들은 아파트 주위에 심겨진 삐쩍 마른 나무들과는 차원이 달랐다. 흙이 잘 다져진 수목원안의 길은 단단하기는 했지만 아스팔트길의 딱딱함과는 무언가 다른 느낌이었다.

"엄마, 약속했지? 약속했지?"

엄마가 웃으며 고개를 끄덕이자 푸름이는 외양간에서 나온 송아지마냥 신나게 수목원을 뛰어다니기 시작했다.

양에 찰 때까지 마음껏 뛰어다니기!

옷이 더러워져도 혼내지 않기!

조심하라고 잔소리 안하기!

수목원행을 결정하면서 정한 푸름이와의 약속이다. 이날은 푸름이가 어떤 방법으로 자연을 만나더라고 토요일에 일어났던 지렁이 사건과 같은 실수를 범하지 않기로 마음먹었다.

그날, 푸름이의 이야기를 들은 엄마는 빨갛게 달아오른 볼을 감싸 쥐고 부끄러워서 어쩔 줄 몰라 했고 아빠는 한참을 곰곰이 생각하는 듯 침묵했다. 그날부터 회사에서 돌아와 푸름이를 재우고 나면 아빠, 엄마는 밤늦도록 의견을 나누었다. 인터넷을 통해, 아는 사람들로부터 취합해온 정보들을 가지고 푸름이의 '참' 생태교육을 위한 장소를 선별하기 시작했다.

"수박겉핥기식은 안 돼.", "이곳은 너무 인공적인 것 같지?", "여기는 홈페이지만 그럴듯하지 막상 가보면 부실하다고 하더라고."........"아, 여기! 여기가 괜찮대. 수목원 길도 다 흙으로 되어 있고, 나무들도 관리를 잘 해놓고......."

그렇게 선택한 곳이 이 수목원이었다.

"엄마! 지렁이!"

앞서 달려가던 푸름이가 우렁차게 엄마를 불렀다.

"우훗, 미끌미끌해."

꼬물거리는 지렁이를 손끝으로 살짝 만지는 푸름이의 얼굴이 살짝 찡그려지는듯하더니 이내 장난스러운 웃음을 머금었다. 푸름이 옆에 자리 잡은 엄마도 지렁이를 검지로 부드럽게 스윽 쓰다듬으며 조용히 속삭였다.

"미안, 네 친구였을지도 모르는데......, 사과할게."

“괜찮아요. 이제부터 안 그러면 되지요. 착한 엄마 다독다독! 헤헤헤”

짐짓 지렁이인 척 목소리를 가다듬고 엄마의 머리를 토닥이던 푸름이가 가벼운 웃음을 터트렸다.

“허허허”

푸름이의 웃음소리에 굵은 웃음이 섞이어 들었다. 자신을 숲 해설가라고 소개한 웃음의 주인공은 하얀 수염을 멋들어지게 기르고 소나무색의 모자를 쓴, 웃음소리가 아주 호탕한 할아버지였다. 지렁이 사건에 대한 이야기를 들은 숲 해설가 할아버지는 자연을 제대로 즐기는 방법을 알려주겠다며 푸름이네를 이끌었다.

“자, 푸름이네라고 했죠. 모두 신발과 양말을 벗으세요.”

양말을 벗어 신발 안에 집어넣고 양손에 신발을 든 푸름이는 열개의 발가락을 잔뜩 움츠린 채 발을 내려놓았다. 놀이터 모래사장과는 사뭇 다른 느낌에 두려움이 살짝 앞서지만 발바닥은 이내 흙이 가지는 부드러움을 감지했다. 부드러운 것 같아도 까끌까끌한 모래와는 달리 단단해 보였던 흙은 발바닥을 간질거리기 시작했다.

“간질간질해요. 흐흐흐.”

아빠, 엄마의 움츠렸던 발가락도 하나 둘 펴졌다.

“처음 만나면 서로 이름을 소개하고 악수를 하지? 자, 나무와도 악수를 하지 않겠니?”

숲 해설가 할아버지의 권면에 푸름이는 앞에 있는 나무에 조심스레 다가섰다.

“안녕? 나......, 나는 푸름이야.”

조금은 어색한 듯 머뭇머뭇 인사말을 건네자 가지 끝에 모여 있는 자잘한 꽃들이 더욱 노랗게 물들며 가볍게 몸을 떠는 듯했다.

“자, 인사를 했으니 이제 이 나무는 우리의 친구란다. 나무 표면에 있는 숨구멍을 훼손하는 건, 친구를 해치는 짓 이니까 나무를 함부로 대하면 안 된단다.”

조곤조곤 이어지는 숲 해설가 할아버지의 이야기를 통해 푸름이는 물론, 엄마, 아빠까지도 자연과 함께 깊이 호흡하는 법을 배워 간다.

“이 나무 이름은 무엇일까? 모른다면 직접 이름을 지어볼까? 무슨 나무라고 부를 수 있을까? 아빠, 엄마도 함께 생각해보세요.”

“저는 이 나무의 이름을 알고 있으니 통과!”

잽싸게 대답하는 아빠에게 숲 해설가 할아버지는 눈을 찡긋한다.

“음, 노란 꽃들이 너무 소담스러우니까 전 노랑소담나무라고 부를래요.”

엄마도 잠시 고민하는듯하더니 정말 ‘소담’ 스러운 이름을 내놓는다.

아무리 머리를 굴려도 잘 생각이 나지 않는지 푸름이는 머리를 부여잡고 낑낑댄다. 엄마다 멋진 이름을 짓고 싶은데 쉽지 않은 눈치다.

"함부로 이름을 지으면 나무가 기분 나쁠 수 있으니까 난 이 나무한테 직접 물어 볼래."

고민하던 푸름이는 배시시 웃으며 나무에게 다가가 정말로 질문을 한다.

"나무야, 나무야, 이름이 뭐니?"

그러고는 나무를 껴안고 귀를 가까이 대는 폼이 정말로 나무의 이야기를 듣고 있는 것 같다. 한참을 나무와 붙어 있던 푸름이는 갑자기 손가락을 입에 가져다 대며 하는 소리가 걸작이다.

"쉿, 지금은 나무가 낮잠시간이야. 졸려서 나중에 이야기해 주겠대."

엄마도, 아빠도, 숲 해설가 할아버지도 귀여운 푸름이 때문에 터지려는 웃음을 배어 문다.

푸름이의 귓가에 조용히 속삭이는 숲 해설가 할아버지.

"그래, 나무를 깨우면 안 되겠구나. 그럼 나무이름은 나중에 물어보기로 하고 친구가 된 기념으로 푸름이가 멋진 애칭을 지어주면 나중에 나무가 깨서 무척 기뻐할 거야."

"그럼, 동글동글 예쁜 나무로 할래. 동글아, 잘 자고 나중에 보자."

옹기종기 모여 있는 꽃들이 원형을 이룬 것이 동그라미처럼 예뻐 보였나 보다. 노랗게 꽃을 틔운 산수유나무의 노란 그늘 아래서 즐거운 시간까지도 노랗게 몽우리진다.

나는 지금도 길을 가다 나무들을 보면 종종 차를 세우고 이야기를 한다.

"어젠 바람이 많이 불었지? 무서웠겠구나!"

"누가 또 다녀갔니?"

"새들이 와서 놀아줬니?"

그렇게, 내 나이 쉰이 훌쩍 넘어도 나무와 이야기할 때는 푸름이의 여섯 살 나이가 될 것이다.

"나무는 몸 전체로 얘기해.
잎으로도 얘기하고 가지랑 뿌리로도 얘기해.
들어볼래? 그럼 귀를 내 몸에 대어봐.
내 심장이 뛰는 소리가 들릴 거야."
바스콘셀로스 〈나의 라임오렌지 나무〉 중에서

어린 제제는 자신의 작은 라임오렌지 나무, 밍기뉴(제제가 기분이 좋을 때는 슈르르까)와 대화를 나눈다. 라임오렌지 나무의 울림은 제제의 마음과 공명하며 서로의 심장고동을 맞춰간다.

우리 아이들을 어린 제제로 키워 보자. 라임 오렌지나무와 이야기를 나누며 풍성한 감성으로 진실한 마음과 사랑을 배워간 그 순수한 영혼! 제제에게 아픔을 주었던 각박한 어른이 될 수는 없지 않겠는가. 아이들의 마음에 하얀 구름이 떠다니고 아름다운 새가 지저귀는 공간을 만들어주는 것은 바로 어른들의 몫이다.

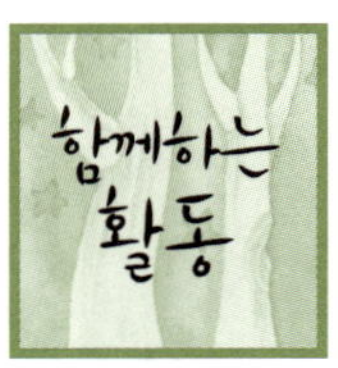

생태교육 프로그램

자연1. 자연아, 안녕!

　사람이 사람을 만나 가장 먼저 하는 것은 인사다. 인사를 한다는 것은 상대를 나와 동등한 하나의 생명으로 인정하고, 인격적으로 존중한다는 의미다. 그것은 모든 예의의 기본이며 질서의 시작이다.

　우리는 살아있는 자연 속에서 자란다. 자연도 하나의 생명으로 대우해 주어야 한다. 이웃과 인사하듯 동식물과도 인사를 하는 예의를 갖추는 자세가 필요하다는 말이다. 아이들과 함께 야외로 나오면 가장 먼저 나무에, 꽃에 인사를 시켜 보는 것은 어떨까? 그것은 하나의 가벼운 놀이이며 동시에 자연에 대한 예의와 질서에 대해 가르치는 순간이 될 것이다.

가장 간단하다는 인사지만 처음에는 아이도 부모도 모두 쑥스러워 쉽게 실천에 옮기지 못할 것이다. 무엇이든 적응기가 필요한 법, 처음에는 귓속말로 속삭이듯이 작은 소리부터 시작한다. 그러다 소리를 조금씩 높이면 서서히 친밀감이 형성되고 반갑게 인사하는 법에 익숙해지면 된다.

"안녕, 파란 하늘!"

"와, 반갑다. 아이스크림 구름아."

"고추잠자리는 진짜 예쁜 빨강색이다."

자연의 생명을 만날 때마다 말을 건네면 한 걸음 두 걸음, 몸 가장 낮은 곳에서부터 자연이 차올라 넘실댄다. 세 걸음 네 걸음, 어느새 아이의 발걸음이 자연과 보조를 맞추며 걷게 된다. 다섯 걸음 여섯 걸음, 바람에 흔들리는 나뭇잎의 떨림이나 꽃잎 위에 살포시 내려앉는 나비의 몸짓에서 생명을 발견하게 된다.

아이의 손을 잡고 처음 만나는 자연의 생명에 기분 좋은 인사를 건네 보자. 쪽빛 하늘위에 걸린 구름 한 조각 속에서 자연의 경이로움이 배어나온다. 종달새의 울음소리와 맑은 물 속 물고기 한 마리의 움직임에서는 자연의 섬세함이 흘러나온다. 눈 덮인 산꼭대기에서 떠오르는 태양의 눈부심을 속에서는 자연의 신비로움이 뛰쳐나온다. 아이들의 시각에 맞추어진 순수한 자연, 정직한 자연과의 만남을 경험한 기억은 즐겁다.

"벼가 누워 있어요!"

"힘든가 봐요."

"일으켜 줘야 해요!"

시골 논길을 가다가 태풍이 지나간 자리를 보면 그냥 지나치지 않고 한 마디씩 위로를 한다고 입을 모으는 아이들, 자연과 인사를 나눈 경험은 자연의 아픔까지도 끌어안으려는 예쁜 마음을 만들어 준다.

자연2. 꽃 이름 알기&애칭 짓기

현호색, 쑥부쟁이, 매발톱꽃, 패랭이꽃, 꿀풀, 자작나무, 계수나무, 버드나무.......

우리 아이들은 꽃과 나무의 이름은 얼마나 알고 있을까? 안다는 것은 각각의 개성을 발견하고 관심과 의미를 부여한다는 것이다. 김춘수의 시 〈꽃〉에서처럼 '이름을 불러주기 전에는' 아무것도 아닌 '몸짓'에 불과하던 것이 '이름을 불러주었을 때' 하나의 거대한 '의미'로 변하게 된다.

희미하게 얼굴만 기억하는 고등학교 동창보다 이름과 얼굴을 모두 기억하는 단짝이었던 동창을 만나면 더 반가운 것이 인지상정, 꽃도 마찬가지다. 그냥 예쁜 꽃에서 '현호색'이라는 이름을 알게 된 후, 현호색을 다시 만나면 더욱 반가운 마음이 들 것이다. 그냥 사진을 보고 특징을 달달 외우면서 익힌 이름은 자꾸 잊어버리게 되지만 직접 보고 그 꽃의 개성을 눈에 새기고 알게 된 이름은 절대 잊지 못하게 된다.

이름을 금방 가르쳐 주는 것도 좋지만 아이들이 직접 꽃이나 나무를 관찰하고 그들의 이름은 무엇일까 생각하는 시간을 주는 것도 좋다. 아이들의 머리는 실로 놀라운 창작 '샘'의 근원지 같다. 아이들을 보고 있으면 그들의 세밀한 관찰력과 엉뚱하지만 제법 날카로운 발상에 놀라움을 금치 못하게 된다. 아이들은 자신들이 마주하는 생명에 대해 아주 정직하게 반응한다.

유치원 아이들에게 강아지풀을 보고 이름을 지어보라고 했다.

"부들부들해, 강아지 꼬리 같아. 우리 집 포치 꼬리도 이래. 그러니까 부들이 꼬리풀!"

"붓풀이라고 할래. 우리 오빠가 쓰는 붓같이 생겼어."

"손을 간질이는 간지럼쟁이야."

강아지풀의 모양과 촉감을 있는 그대로 표현하는 것이 바로 아이들만의 순수한 표현법이다. 여기에는 정답도 오답도 있을 수 없다. '강아지풀'이라는 이름만이 정답이고 이것을 맞춘 아이가 참 똑똑하다고 인정받는 지식퀴즈가 아니다. 아이들 입에서 나오는 말을 통해 강아지풀에게 '부들이 꼬리풀', '붓풀', '간지럼쟁이'라는 애칭이 더해졌을 뿐이다. 그만큼의 의미가 더해지고 그만큼의 가치가 쌓여간다.

자연3. 맨발걷기

　우리 유치원에서는 매년 빼먹지 않는 행사가 있다. 바로 '맨발로 걷기' 인데, 이 행사를 위한 준비물은 딱 하나! 신발도 양말도 벗어던진 맨발처럼 한 꺼풀 벗겨낸, 자연을 마음껏 느끼고자 하는 마음만 있으면 된다. 아이들은 맨발이라는 사실 하나만으로도 이미 신나고 재미있어 한다.

　유치원 주변은 논이 넓게 펼쳐져 있기 때문에 모두 흙길로 되어 있다. 그 논 옆으로 맨발을 디디며 흙의 감촉을 고스란히 맛보게 하는 것도 하나의 교육이다. 물론, 아이들이 가는 길에 깨진 유리병이나 고철조각이 없도록 미리 살피고 치워 놓는 것은 준비의 기본이다.

　처음에는 주저하던 아이들도 선생님들이 앞서 맨발로 나서는 모습을 보면 이내 자박거리며 발바닥 전체로 흙을 느낀다. 가다가 물댄 논에 살짝 발을 담그고 쉬어가기도 하고 심어 놓은 모에 피해가 가지 않도록 조심하며 논바닥의 말캉한 진흙을 디뎌 보기도 한다.

　"맨발 벗으니까 너무 시원하고 좋아요."

　"선생님, 발이 아파요. 간지러워요."

　"흙 때문에 발이 더러워졌어요."

"딱딱해요, 딱딱한데 이상하게 폭신해요."

"헤헤, 발에다 진흙팩 했어요."

"어어, 누가 잡아당기는 거 같아요.

흙길을 걸으며, 진흙 위에 서서 아이들은 자기가 느끼는 그대로를 아무 사심 없이 이야기하느라 바쁘다. 그것은 흙의 성분이 어떻고, 종류가 어떻고 하는 이론적인 지식을 떠나 생생하고 명징한 살아있는 지식으로 아이들에게 영원히 남게 된다.

혹시, 아이에게 단 한번도 맨발로 흙을 밟을 기회를 준 적이 없다면 지금 당장 엄마들부터 신발도, 양말도 벗고 흙의 느낌을 되살려보자. 분명 흙과 그 속의 자잘한 생명들이 내쉬는 숨소리가 발바닥을 통해 가슴으로 전해질 것이다. 매일 콘크리트의 각박함만 디디며 사는 아이들은 점차 경직된 사고와 딱딱한 마음을 가지게 된다. 보송보송한 흙의 느낌으로 마음에 여유를 주어야 한다.

흙 위를 걸으며 그 포근한 느낌을 만끽하는 것만으로도 이미 충분한 생태 교육이지만 이왕 맨발이 되었으니 모래와 풀밭 등도 함께 걸어보게 하면 한 차원 높은 교육적 효과를 가질 수 있다. 까끌까끌한 모래의 느낌, 간질간질하면서 따끔따끔한 풀밭 등 땅의 종류에 따라 달라지는 다양한 느낌들을 나누면 그것이 바로 체험학습이요, 열린 학습이 된다.

자연4. 나무냄새맡기

"아, 공기 좋다!"

　도시를 벗어나 산에 오르는 사람들은 하나같이 이렇게 이야기 한다. 후욱, 깊은 숨과 함께 들이마신 공기는 도시의 매연과 함께 들이마시던 공기와는 완전히 다르다는 것을 알게 된다. 자연의 냄새는 도시의 냄새와 근본부터 다르다.

　자연속의 여타의 동·식물들 중에 가장 손쉽게 자연의 냄새를 접할 수 있는 것이 나무가 아닐까. 나무들이 가득한 숲에서 자연의 맑고 깨끗한 기운을 느끼는 것은 나무가 바로 자연이라는 추상적 개념이 형상화되어 나타난 모습이기 때문일 것이다. 때쭉나무 사이로 소나무 숲이 우거지고 음나무며 쇠물푸레나무를 비롯한 다양한 나무들이 하늘을 향해, 그리고 땅을 향해 힘차게 뻗어 나가고 있다. 그 나무들은 모두 자연의 향기를 품고 있다.

　아이들에게 나무의 냄새를 맡게 해보자. 처음에는 나무의 각각의 부위에서 나는 냄새를 맡아보게 한다. 나무는 꽃, 잎, 줄기, 뿌리 등 여러 가지 부위로 이루어져 있다. 꽃의 향과 잎의 향, 그리고 줄기의 향은 분명 다르다. 이것들을 각각 따로 맡아보는 것이다. 그 다음은 나무에서 한발정도 물러나 나무 전체의 냄새를 맡는다.

또, 소나무, 산수유나무나 마가목 등 종류에 따라 냄새를 구분해보자. 사람에게 체취가 있듯이 나무들도 각각 다른 나무 '취' 를 가지고 있다. 나무에게 살짝 양해를 구하고 나무껍질을 벗겨 냄새를 맡아보면 더욱 확실한 나무 '취' 를 알 수 있을 것이다.

다음과 같은 북미 원주민의 이야기가 있다.

그들은 젊은이들에게 자연과 자신의 직감과 교류하는 법을 가르치기 위해 우리 노인들은 그들을 숲 속으로 데려가 눈을 가리고 저마다 특정한 나무 옆에 앉게 한다.

"우리가 다시 올 때까지 눈을 가리고 여기 앉아 있어라. 이 나무를 껴안고 옆에 서보아라."

그렇게 한나절이 지난 뒤에 노인들은 젊은이들을 다시 마을로 데려와 눈가리개를 풀어주고는 이렇게 말한다.

"가서 네 나무를 찾아보아라."

젊은이들은 자신들과 함께 시간을 보냈던 그 나무를 찾을 수 있다고 한다.

나무에 대해, 자연에 대해 아는 것이 하나 더 쌓여간다. 아는 만큼 보이고, 아는만큼 사랑의 깊이는 더해진다. 그 나무의 냄새를, 꽃의 색깔을, 열매의 맛을 알아가 보는 것도 좋지 않을까. 이제 나무사랑은 말이 아닌 앎에서 시작해보자.

자연5. 풀꽃 색상표

화학약품이 없던 시절, 우리 선조들은 자연을 통해 원하는 색을 얻곤 했다. 치자꽃으로 화사란 노란빛을 내고, 쪽에서 우아한 쪽빛을 빚어낸다. 홍화로는 연지곤지 아름다운 자색을 뽑아내니, 이처럼 자연은 알록달록 다채로운 색상을 가지고 있다.

자연하면 대부분 숲을 떠올리고 자연의 색이라고 하면 보편적으로 푸른색과 황토색을 떠올린다. 그러나 사계절만 비교해 보아도 자연에 대표색이라는 것을 지정하는 것 자체가 불가능하다는 것을 알게 될 것이다. 봄의 엷은 새싹의 색과 여름의 짙은 녹음은 분명 다르다. 가을의 불타오르는 색을 보며 누가 자연은 푸른색이라고 말할 수 있을까. 겨울의 투명한 바람이 하얀 눈을 살짝 들추면 나목의 황토색이 살짝 드러나기도 한다.

봄옷을 벗어버리고 짙은 녹빛으로 가득한 여름이라고 되는대로 초록색 물감을 들이 붓는 밋밋함이 아니다. 진초록, 엷은 연두, 옥색, 청색을 띤 녹색 등 초록색 속에도 이렇게나 많은 빛깔이 숨어 있었나 싶게 자연은 갖가지 초록색들을 섬세하게 표현한다. 초록의 계절임에도 희고 붉은 또 다른 여름을 틔워낸다. 봄도, 가을도, 겨울도 마찬가지다. 그렇게 자연은 천의 얼굴을 숨기고 있다.

붉은 물봉선 사이로 물빛이 일렁인다. 단아하게 고개 숙인 애기나리는 차마 얼굴조차 붉히지 못해 하얀 빛깔을 곱게 자리한다. 어느 것 하나 똑같은 색이 없는 자연은 언제나 색감 뽐내기의 장이다. 그래서 아이들의 색채감각을 키우는 장으로 자연만큼 좋은 장소는 없다. 삼원색이나 일곱 가지 대표색 등을 나타내는 ‘색상표’라는 것이 있는데 아이들을 데리고 나가 ‘풀꽃 색상표’를 만들어 보자.

“빨주노초파남보, 누가 먼저 찾나!”

각각의 색깔 이름이 적힌 판을 준비하고 그 이름에 맞는 풀잎이나 꽃잎 등 순수 자연에서 얻은 것으로 그 판을 채우게 한다. 저마다 달려 나가 이 꽃 저 꽃 관찰하며 색을 대입하는 사이, 다채로운 색감들과 색이 가지는 미묘한 차이에 눈을 뜨게 될 것이다. 진달래의 분홍을 빨강의 범주에 넣을 것인가를 나름대로 판단하고, 초록색이라고 뭉뚱그려 이야기하지만 사실 나무나 풀의 종류에 따라 모두 다른 색을 띠고 있다는 사실을 인지한다.

민들레꽃으로 노란색 칸을 채우고, 소나무 잎으로 초록색 칸을 채우고, 앙증맞은 제비꽃잎은 보라색 칸에 자리매김 시키고……, 그렇게 나만의 개성 만점 색상표가 완성되는 것이다. 이렇게 자연 속에서 색을 배운 아이들의 ‘노랑’은 노란 크레파스만을 보고 자란 아이들의 ‘노랑’과 완전히 다른 ‘노랑'이다. 자연의 '노랑' 속에는 민들레가 있고 괭이밥이 있으며, 연두색 새 순이 햇빛을 받아 반짝이는 찰나의 옅은 노란 빛깔도 담고 있다.

　단순한 색 찾기지만 아이의 두 눈에 담긴 자연은 이제 곧 넓은 시각과 열린 사고로 가는 원동력이 되어 줄 것이다.

자연6. 자연 창작교실

분꽃을 따면 그 뒤는 동그란 콩 같은 것이 달려 있다. 그것을 아주 조심스럽게 잡아당기면 줄이 딸려 나오는데 귓바퀴에 살짝 걸치면 아주 멋진 분꽃 귀걸이가 완성이다.

행운을 준다는 네잎 클로버 때문에 누구나가 알고 있는 토끼풀, 하얗고 몽실한 꽃을 틔운 토끼풀의 길게 뻗어 올라온 줄기를 양쪽으로 갈라 손가락에 조심스럽게 묶으면 무엇보다 예쁜 반지로 변한다.

이런 작은 창작 놀이는 지금 어른이 된 이들의 추억 속에 한 페이지를 장식하며 자리해 있을 것이다.

자연은 거대한 창작 재료의 장으로 큰 기술이나 재능 없이 조금의 가공만으로도 창작의 빛을 발하게 해준다. '나무로 만드는 자연 속 친구들' 을 주제로 만들기 교실을 열어보자.

솔방울처럼 떨어진 나무 열매나 낙엽, 그리고 버려진 나뭇가지 등 모든 재료는 자연에서 얻은 것으로 제한한다. 이 때, '얻는다' 의 의미를 정확히 인지시켜야 한다. 억지로 생나무를 자른다든지, 막 꽃을 틔우는 식물을 뿌리 채 뽑는다든지 하는 것은 빼앗는 것이지 얻는 게 아니다.

낙엽으로 새나 잠자리의 날개를 표현하거나 버려진 나뭇가지로 곤충의 다리를 표현하는 사이, 솔방울의 감촉이 손끝에서 살아나고 낙엽 날개에서는 자연의 향내가 배어날 것이다. 이것은 자연으로 또 하나의 자연을 빚는 의미 있는 작업이 된다.

자연7. 숲속 콘서트

사스락 사스락, 길쭉한 풀잎들은 서로에게 기대어 몸을 부비고 쓰르르 쓰르르, 풀벌레들은 열심히 날개를 비벼 자신이 여기에 있다고 외쳐댄다. 맴맴, 힘차게 울어대는 매미소리는 살아있는 모든 것을 일깨운다. 언제나 소리로 가득 차 있는 자연은 다양한 음악이 공존하는 콘서트장이다.

작은 수첩을 하나 장만하여 아이들에게 자연에서 나는 소리들을 자신들의 언어로 적어보게 하자. 매미는 맴맴, 귀뚜라미는 귀뚤귀뚤이라는 공식화된 의성어가 아니라 자연의 소리를 있는 그대로 받아들이는 훈련을 통해 언어 감각까지도 높여줄 수 있다.

그렇게 열심히 듣다보면 스스로도 멋진 연주를 하고 싶은 마음이 들곤 한다. 이럴 때를 위한 방법 하나! 가까이에 있는 풀잎 하나를 자연에게 빌리자. 그 풀잎이 하나만 있으면 숲속 콘서트에 참여할 수 있다. 풀잎을 입 사이에 물고 숨을 내뿜으면 그 사이 공기의 떨림으로 멋진 소리가 나온다.

"피~피~ 피리리릭~"

멋진 풀피리를 가진 작은 연주자의 탄생이다.

자연8. 낙엽과 뒹굴기

늦가을, 겨울을 준비하는 나무들이 잎을 떨어뜨리는 시간이다. 가을의 끝을 알리는 낙엽은 가을의 시작을 알리는 단풍과 함께 대표적인 가을의 상징이다. 그래서 단풍과 낙엽이 없이 가을을 느낀다는 것은 있을 수 없다.

아이들의 마음에 확실하게 가을을 새겨 넣는 방법은 일명, 낙엽 뒹굴기! 옷이 더러워질까봐 걱정할 필요는 없다. 그저 낙엽이 수북이 쌓인 둔덕을 신나게 굴러보자. 낙엽의 촉감을 마음껏 느끼고, 바스락 바스락거리는 낙엽의 목소리에 흠뻑 취하고 나면 온몸에 가을이 담뿍 밸 것이다.

다 구르고 나면 급하게 일어나지 말고 낙엽 위에 누워 자연을 느껴본다. 작은 구름조각이 물결이나 비늘모양으로 높이 펼쳐 있는 비늘구름, 바람결이 실어다주는 이름 모를 야생화의 향기, 숲을 한가득 채우는 풀벌레 소리.......

친숙한 것들과 반가운 것들, 그리고 새로운 것들까지, 생명들이 한데 어우러진 자연만큼 아이의 오감을 일깨우는 장소는 없다. 컴퓨터나 비디오 등 매스미디어에 익숙해져 있는 아이들에게 낙엽 향 가득한 곳에서 풀이나 꽃으로 액자를 만들거나 개울가에서 물장구를 치는 등 색다른 일들이 연속되니 말이다.

자연9. 매력만점 곤충들

집 앞에 펼쳐진 논밭 사이를 헤집고 다니며 잠자리에 메뚜기, 방아깨비 등을 잡으러 뛰어다니던 기억이 있는 사람이라면 곤충들이 얼마나 멋진 존재인지를 알고 있을 것이다. 곤충들을 함부로 잡아 채집통에 밤새 넣어두었다 싸늘한 주검으로 만든 아픈 기억들도 있겠지만 잠자리 한 마리, 방아깨비 한 마리만 있으면 하루 종일 심심할 일이 없었을 정도로 곤충은 다른 어떤 것보다 매력적인 존재였다.

자연을 더욱 활기차게 만드는 존재인 곤충을 관찰하는 일은 아이에게 활력을 불어 넣어줄 수 있다. 자연은 다양한 곤충들이 가득한 세상이다. 곤충들을 세세하게 관찰하는 데서 자연은 더욱 그 의미를 가진다.

작은 생명에는 작게, 큰 생명에는 크게 다가간다. 실을 자아내는 거미의 뒤꽁무니는 성실하고 풀잎에 매달린 알락하늘소의 검은 날개 속 흰 무늬는 정직하다. 1cm 남짓의 물맴이들의 낮밤에 따라 군집행태를 바꾸고 쉴 새 없이 나무를 갉아대는 송곳벌 애벌레들의 소리가 울린다. 산제비나비의 아름다운 청록색에 눈길이 머물고, 가을밤을 울리는 귀뚜라미의 존재는 모습보다는 소리로 인지한다. 빛깔이 찬란한 생명 앞에서는 눈을 크게 뜨고, 소리로 가득한 생명을 대할 땐 귀를 여는 것이다.

물론, 아이 때의 곤충 관찰은 전문적인 지식으로까지 나가지 못하고 날개의 무늬나 꼬리의 색깔 등 아주 단순한 수준에 불과할 것이다. 그러나 그것은 그들이 엄연히 살아있는 생명임을 확실히 인지하는 작업이 된다.

자연10. 눈밭에서 신나게

"눈이다!"

눈이 오면 가장 좋아하는 것은 바로 강아지와 아이들이다. 함박눈이라도 내릴라치면 정신없이 눈밭으로 달려 나간다. 소복이 쌓인 눈을 요 삼아 아이들은 잘도 드러눕는다. 차가운 눈이지만, 이상하게 추위를 느끼지 못한다.

눈은 겨울이 우리에게 선물하는 가장 좋은 교육재료이다. 둥글게 뭉친 눈으로 눈사람 창작교실을 열 수도 있고 눈싸움으로 가을 체육대회 같은 운동시간을 갖기도 한다. 눈에 발자국을 찍어 미스터리 써클 못지않은 작품도 만들어 본다. 눈을 만끽하는 가운데 차가움 속에 공존하는 포근함을 느낀다.

우리 유치원은 앞이 탁 트인 논이라 눈이 쌓이면 아이들도 선생님들도 모두 논바닥을 덮어버린 하얀 눈 위에 누워 청명하게 맑은 겨울을 마음껏 느낀다. 온몸으로 눈을 느낄 수 있는 넓은 장소가 있다는 사실이 얼마나 감사한지 모른다.

"송이송이 눈꽃송이 하얀 꽃송이, 하늘에서 내려오는 하얀 꽃송이."

"펄펄 눈이 옵니다. 하늘에서 눈이 옵니다. 하늘나라 선녀님들이 자꾸자꾸 뿌려줍니다."

눈이 송이송이 떨어지는지, 펄펄 휘날리는지 백날 동요로만, 언어로만 외우는 것이 아니라 직접 눈이 나부끼는 광경을 보여주자. 아이들은 하늘나라 선녀님들의 웃음소리를 들을 수 있을지도 모른다.

놀이1. 빗방울 만지기

아이 : "엄마, 비와!"

엄마 : "빨리 문 닫아! 비 들어와!"

아이 : "엄마, 비와!"

엄마 : "어머, 비가 오네. 이리 창가로 와봐!

　　　자, 손을 뻗어 빗방울을 만져볼까?" 느낌이 어때?

　당신은 어느 쪽에 더 가까운 반응을 하는가? 대부분 전자와 같은 대답을 하는 엄마들이 많을 것이다. 그러나 그런 반응으로 인해 아이에게 체험학습을 시킬 수 있는, 아이와 대화할 수 있는 기회를 날려 버렸다는 사실을 아는 사람은 몇 명이나 될까?

　체험학습, 생태교육이 하나의 대안으로 제시되었을 때 많은 부모들이 체험을 하기 위해, 자연을 만나기 위해 도시를 떠나 움직여야 한다는 것에 난감함을 표했었다. 취지에는 적극 공감하지만 시간적인 부분과 경제적인 부분이 부담이 된다는 것이었다. 그러나 비가 오는 것 같은 일상의 아주 평범한 상황을 지혜롭게만 이용해도 얼마든지 체험학습, 생태교육을 해낼 수 있다.

전자와 같은 반응을 보이면 그것으로 끝이다. 비는 닫힌 창문을 뚫고 들어오지 않으며, 아이와 대화를 계속해야 할 이유도 사라져 버린다. 그러나 후자의 경우는 아이의 대답을 단초로 질문과 대답이 꼬리에 꼬리를 물고 이어질 수 있는 것이다.

"똑똑, 비가 내 손바닥에 노크해.", "차가운 비가 바람처럼 시원하게 해 줘." 등 처음에는 단순히 빗방울의 느낌으로 시작하여 비가 왜 내리는지, 비가 어디서 오는지와 같은 호기심을 불러일으킬 수 있다. 창 너머로 빗방울을 만지는 아주 짧은 순간, 작은 상황을 통해 과학적 지식의 확장으로 가는 디딤돌을 하나 세울 수 있는 것이다.

놀이 2. 민들레 홀씨 날리기

사각의 빌딩들만 즐비한 삭막한 이 도시의 어디에 그 작은 앉은뱅이 꽃이 자리할 흙이 있었던가. 가로수 밑의 작은 공간에서, 옥상정원의 한 귀퉁이에서 노란 민들레를 만날 때며 자신도 모르게 얼굴에 미소가 걸리게 된다. 먼지 같은 흙만으로도 뿌리를 내릴 수 있다는 민들레의 생명력은 자연이 사라져가는 도시 속에 작은 희망으로 자리한다.

이처럼 민들레는 그 생명력 때문에 다른 야생화에 비해 도시 속에서도 쉽게 찾을 수 있다는 장점과 함께, 동그랗고 하얀 솜털이 노랗던 민들레라는 사실은 아이들의 호기심을 끌기에도 충분하다.

"민들레 홀씨를 불어서 멀리 날리면 어딘가 또 다른 땅에 안착해서 예쁜 민들레로 피어날 거예요."

아이들에게 민들레 홀씨가 씨를 퍼뜨리는 방법을 알려주면 아이들은 볼이 터져라 빵빵하게 숨을 불어넣고 후후, 얼굴이 빨갛게 되도록 열심히 민들레 홀씨를 불어준다. 민들레 홀씨를 날리는 일, 가볍게는 하나의 작은 유희이지만 그것은 생명을 퍼뜨리는 깊은 의미를 갖는다.

놀이3. 놀이터의 두꺼비집

"두껍아, 두껍아, 헌집 주께, 새집 다오."

흙이 가득한 놀이터, 한손을 땅바닥에 놓고 다른 손으로는 손등위로 흙이 쌓아간다. 다독다독, 노래에 맞춰 흙을 다독이며 동그란 형태를 만든다. 적당한 두께가 되면 모래 속의 손을 살그머니 빼내는데 이 때, 손등 위에까지 쌓아올려졌던 흙이 무너지지 않고 동굴 형태의 집을 완성하는 것이 관건이다.

두꺼비집은 아이들이 놀이터에서 손쉽게 할 수 있는 모래장난, 흙장난의 일종으로 손으로 흙의 느낌을 맛보며 동시에 무언가를 만들어낸다는 기분 좋은 충족감까지 느낄 수 있다. 모래가 가득한 아파트의 놀이터는 두꺼비집을 위한 최적의 장소이다. 미끄럼틀에서 노는 아이들을 자세히 보면 미끄럼을 타기보다는 그 아래서 모래를 파면서 노는 시간이 더 많다. 파면 팔수록 습한 모래를 만날 수 있고 그 모래로 입체를 만들 수 있다는 것을 아이들은 경험을 통해서 알고 있다.

두꺼비집 놀이 안에는 다방면의 교육효과가 들어 있다. 흙을 직접 조물거리니 체험 및 자연학습이요, 흙으로 집을 만드는 미술 및 창작학습이며, 감칠맛 나는 운율로 놀이의 재미를 돌워주는 노래는 음악학습인 것이다.

아이와 함께 놀이터에 앉아 엄마 두꺼비집, 아빠 두꺼비집, 그리고 아기 두꺼비집을 만들어보자. 두꺼비집 노래를 부르고, 두꺼비라는 생물에 대한 이야기도 해주고, 엄마, 아빠의 추억 속 다른 놀이들도 가르쳐주며 온 가족이 함께 만드는 두꺼비집! 그 집을 만들어가는 동안, 아이의 마음에도 자연이라는 예쁜 흙집 하나가 완성될 것이다.

놀이4. 봉숭아 꽃물들이기

앞서 생태교육을 통해 인성이라는 것이 몸에 자연스럽게 스며드는 것이라고 말한 바 있다. 그러나 '스며든다'고 이야기했지만 그것은 손에 잡히는 물체가 아니기 때문에 쉽게 이해하기는 어렵다. 그러나 자연이 몸속에 스며든다는 말을 의미 그대로 보여줄 수 있는 활동이 있다.

봉숭아꽃으로 손톱 물 들이기!

먼저 봉숭아꽃 몇 송이와 길쭉한 잎사귀 두어 개, 백반, 그리고 그것을 빻을 수 있는 도구를 준비한다. 거기에 손가락 하나를 싸매기에 적당한 크기의 비닐 여러 장과 실도 따로 준비해둔다.

이제 백반과 꽃잎을 함께 넣고 검붉은색으로 서로 엉겨 붙을 정도로 잘 다진다. 그것들을 손톱만한 크기로 떼어서 손톱위에 적당하게 얹어주고 비닐과 실을 이용해 꽁꽁 잘 싸매준다.

봉숭아꽃 덩어리가 손톱 외의 곳으로 움직이지 않도록 조심하면서 하룻밤을 지내고 나면 손톱마다 주홍빛의 자연이 반짝반짝 거린다. 그야말로 봉숭아꽃의 색깔이 손톱위에 그대로 스며든 것이다.

봉숭아꽃을 따는 작업부터 아이와 함께 하자. 봉숭아꽃은 하나의 줄기에서 모두 다 얻지 말고, 한 줄기에서 한두 개씩만 따도록 가르친다. 잎사귀도 마찬가지다. 빨아지기 전의 봉숭아꽃색깔을 아이에게 보여주면 봉숭아물을 들인 자신의 손톱에서 아름다운 꽃을 발견할 수 있을 것이다.

놀이5. 동네한바퀴

조금만 주의 깊게 바라보면 우리 주위에는 보고, 알고, 느껴야 할 것들이 무궁무진하게 널려 있다. 우리는 친숙한 것들에 대해서 가끔 너무 소홀할 때가 있다. 항상 볼 수 있기에 바로 지금은 굳이 보지 않아도 된다고 생각한다. 항상 만날 수 있기에 일단은 제쳐둔다. 흔히 봐 왔던 거니까 힐끗 보고 지나쳐 버린다. 그러나 가까이 있다고 해서, 그만큼 친숙하다고 해서 그것이 가진 가치들이 사라지는 것은 아니다.

아이와 함께 집 주변을 산책해보자. 자연 속에서의 산책도 중요하지만 매일 도시를 떠나 교외로 나가기에는 여러 가지 사정이 되지 않는다. 그럴 때는 지역의 모든 곳이 아이를 위한 산책 장소가 될 수 있다. 아파트 주변이나 골목길, 동사무소나 우체국 같은 공공기관이 있는 곳, 학교 운동장 등 적극적으로 나가기만 하면 얼마든지 멋진 산책코스를 발견할 수 있다.

"아는 만큼 보이고, 보는 만큼 느낀다."고 하였다. 아이들은 아빠와 함께하는 동네탐방, 엄마와 함께 하는 동네 청소를 통해 주변을 돌아보는 넉넉한 시각을 가지게 될 것이다.

처음에는 단순히 동네를 한 바퀴 도는 것으로 시작한다. 그 다음에는 주제를 정해서 동네 탐방을 계획한다.

"우리 동네(이때 반경을 확실하게 정해줄 것)에 심겨진 나무의 수 세기"

"동네를 돌면서 인상 깊은 것을 중심으로 그림 그리기"

"동네에서 자라는 나무와 꽃의 이름 알아보기"

"집에서 동사무소까지 지도 만들기"

이런 주제에 따라 동네를 산책하면 같은 동네라도 매번 느낌이 틀릴 것이며 관찰력도 알게 모르게 쑥쑥 늘어날 것이다.

체험1. 무 뽑기

황순원의 〈소나기〉에서 도시 소녀가 소년이 건네준 무를 "아이 써."라고 하면서 논바닥에 버려버리는 이야기가 나온다. 아직 채소의 살아있는 맛을 알지 못하는 소녀는 쓴듯하면서도 달짝지근한 무의 진짜 맛을 느끼지 못하고 내팽겨져 버렸지만, 무밭은 소년의 순박함과 농촌의 풋풋함을 느낄 수 있는 장소이다.

우리 유치원에서는 아이들과 무 뽑기 행사를 갖는다. 흙 위로 뽀얀 속살을 살짝만 드러낸 채, 긴 무청을 뽑내고 있는 무들을 잘 살핀다. 어느 놈이 더 튼실하게 잘 컸을까 이리저리 살펴도 보고, 누가누가 한 번에 잘 뽑을까 내기도 해본다. 마지막으로 저마다 뽑은 무를 끌어안고 자랑스럽게 사진도 찰칵!

자신이 직접 뽑은 무로 담가먹는 무김치나 끓여먹는 무국은 그 냄새부터가 다르다. 식물에 대한 애착은 그 식물을 재료로 만든 음식에 대한 애착으로 확장되고 음식을 대하는 마음가짐부터 달라진다. 주말농장의 텃밭 가꾸기나 딸기농장의 딸기 따기 등의 프로그램을 활용해서라도 한번쯤 아이들에게 재배의 기쁨, 수확의 행복함을 누리게 해주자.

체험2. 경운기 타기

　유치원에서 특별활동의 일환으로 경운기 체험을 했다. 경운기를 예쁘게 꾸미고 아이들과 선생님이 함께 옹기종기 모여 앉아 경운기로 유치원 주변을 한 바퀴 돌았다.

　털털털털, 아야야야, 킥킥킥킥, ㅎㅎㅎㅎ.......

　경운기가 흔들릴 때마다 아이들의 엉덩이가 같이 들썩들썩 한다. 그 때마다 아이들의 입에서도 어김없이 다양한 소리들이 박자를 맞추듯 흘러나온다. 생전 처음 타보는 경운기의 들썩거림에 엉덩이가 배겨 아픈 듯 얼굴을 찡그리지만 그 낯선 흔들림이 재미있어 이내 웃음소리가 뒤따른다.

　그렇게 아이들은 놀이기구를 타는 듯 색다른 재미에 푹 빠진다. 시원한 바람을 맞으며 오픈카 경운기의 매력을 확실히 느낀다. 단순히 경운기를 한번 타는 것이 전부였지만 도시화 가운데 사라져 가는 농촌문화를 체험할 수 있는 소중한 추억이 될 것이다. 흙냄새 가득한 추억은 삶을 살아내는 원동력이 되어 줄 수 있다.

체험3. 여름날의 등목

옛날에 우리 집은 여러 집이 함께 사는, 그래서 우물을 함께 쓰는 그런 집이었다. 무더위가 기승을 부리는 여름밤이면 한 울타리에 모여 사는 가족들이 모두 우물곁으로 모여 윗옷을 벗어 빨랫줄에 걸어놓는다. 두레박에 한 가득 퍼 올려진 우물물은 보는 것만으로도 등줄기에 시원한 바람이 스치는 듯하다.

촤악, 아버지의 등에서 시작해서 순서대로 모두들 시원하게 등목을 한다. 두근거리며 차례를 기다리지만 막상 물이 등에 닿는 순간 예상을 넘어서는 차가움에 벌떡 일어나 버린다. 호된 엄마의 손바닥이 등짝으로 날라 오지만 이미 등줄기를 타고 내려온 물은 바지까지 모두 적셔버린 뒤다.

등목을 끝내면 당연한 수순처럼 마당 평상에 앉아 수박한통을 한 울타리 가족들이 모두 나누어 먹으며 여름밤을 보냈다. 에어컨이 없이도 비료부대를 접어서 만든 손부채가 최고였고, 선풍기라도 있으면 그것은 여름내 집안의 꽃이 되었다. 깊은 땅에서 끌어올린 시원한 물을 통해, 자연이 가져다 준 바람만을 의지하며, 그렇게 여름을 이겨냈다. 그 유년의 기억과 정서가 지금까지도 여름을 건강하게 이길 수 있는 버팀목이 되었다고 확신한다. 그래서 나는 지금 우리 유치원 아이들에게도 그와 같은 체험을 하게 해주고 싶다.

여름이면 밖으로 나가기를 꺼려하며 에어컨 바람만 쫓고 있는 아이들의 윗옷을 다 벗기고 팬티 하나씩만 입힌 채 유치원 마당의 작은 우물로 모이게 한다. 옹기종기 모인 아이들을 차례대로 등목을 시켜주고, 덤으로 호스를 이용해 물줄기까지 쏘아준다. 통 비닐과 투명 비닐우산을 가지고 눈싸움 못지 않게 신나는 물싸움을 하는 아이들. 이것이 우리 아이들에게는 에어컨보다 더 시원하고 건강한 여름 놀이, 즉 공부다.

공부는 이렇게 하는 것이 진짜다. 물의 느낌, 물의 특성, 물의 쓰임, 물의 색깔, 물의 냄새, 물의 흐름, 그리고 물의 고마움까지. 몸으로 배우고 가슴으로 느끼면서 멋진 어른이 될 수 있기를 기대한다.

체험 4. 숨은 개구리 찾기

"개굴개굴 개구리 노래를 한다. 아들, 손자, 며느리 다 모여서 밤새도록 하여도 듣는 이 없네. 듣는 사람 없어도 날이 밝도록, 개굴개굴 개구리 노래를 한다. 개굴개굴 개구리 목청도 좋다."

논바닥에 숨어 목청껏 울어대는 개구리를 발견하기란 여간 어렵지 않다. 이쪽에서 개굴거리나 싶어 다가가면 금세 소리가 뚝 그치고 다시 저쪽에서 개굴거리기 시작한다. 방향을 틀어 저쪽으로 접근하면 언제 그랬냐는 듯 감쪽같이 소리가 그치고 다시 처음 소리가 나던 곳에서 다시 개굴거리기 시작한다.

동요에서처럼 밤낮을 가리지 않고 울어대는 개구리, 논둑길에 가만히 서서 개구리가 방심할 때까지 기다리며 녀석의 위치를 추적해야 한다. 보호색(가림색)을 가진 개구리를 자칫 돌멩이로 착각해서 그냥 지나칠 수도 있으니 울음소리에 따라 눈도 크게 떠야 한다.

개구리를 발견하면 헤엄치거나 뛰어서 도망갈 수 있기 때문에 주의를 기울여 조심스럽게 접근한다. 개구리를 잡을 때는 눈 뒤쪽이나 뒷다리를 잡아 들어올린다.

개구리 피부의 감촉을 느끼거나 주변 색에 따라 어떻게 변화하는지 그 보호색을 직접 확인하는 등 다방면의 관찰학습으로 연계시킬 수도 있다. 물론, 모든 관찰이 끝나고 난 뒤 개구리는 다시 자연의 품으로 돌려주어야 한다.

체험 5. 직화구이 고구마

겨울철이면 경작을 마친 논이 봄을 기다리며 잠시 휴식을 즐긴다. 우리 유치원은 논으로 둘러싸여 있기 때문에 겨울이면 휴식하고 있는 논의 한 자락을 잠시 빌릴 수 있다.

따끈따끈, 겨울날의 별미 군고구마.

물론, 군고구마 장사 아저씨를 통해 몇 천원만 주면 손쉽게 얻을 수 있지만, 아이들에게 '직화구이 고구마'의 맛을 느끼게 해주고 싶기에 빈 논에 불을 지펴 숯불을 만들고 고구마를 숯불 위에 올려놓는다.

도란도란, 두런두런 이야기꽃을 피우며 고구마가 골고루 구워지도록 진득이 기다린다. 차가운 논 위에서 호호 불어가며 먹는, 잘 구워진 고구마의 추억은 한겨울 추위를 너끈히 이겨낼 힘으로 쌓여간다.

장난감 없는 날의 단상

잠에서 깬 푸름이는 무심코 텔레비전을 켜려다 텔레비전에 붙여놓은 쪽지를 발견하고는 뜨악했다.

'오늘은 쉬는 날이랍니다!
매일매일 너무 힘들었어요.
저에게도 휴식시간을 주실 수 있지요?'

"엄마, 왜?"

116

이해불가라는 표정으로 엄마를 쳐다보던 푸름이는 엄마의 단호한 표정을 확인하고는 이내 자기 방으로 들어간다.

"그럼 컴퓨터 해야지!"

금세 컴퓨터 앞으로 쪼르르 달려가지만 또 다시 뜨악하고 만다.

'저도 쉬게 해주세요!

제가 없어도 신나는 일을 찾아보면 많을 거예요.

종종 이렇게 쉬게 해주면 정말 고마울 거예요.

다시 거실로 달려 나와 불만에 찬 표정을 짓고 있는 푸름이에게 여태 우리 집에 와 하루도 쉬어본 적이 없는 친구들을 쉬게 해주자 했더니 텔레비전을 끌어안고는 애교 섞인 목소리로 투정을 부린다.

"너도 일하고 싶지? 그치? 엄마, 텔레비전 일하고 싶대."

푸름이의 모습에 설핏, 웃음이 흘러나왔지만 엄마는 다시 입을 앙다물고 살짝 눈을 흘긴다.

아침시간이면 늘 켜져 있던 텔레비전, 솔직히 켜놓기만 했을 뿐 푸름이가 딱히 집중해서 텔레비전을 본 적은 거의 없었다. 그런데도 메모를 보는 순간 텔레비전에 더 목말라진 것이리라. 텔레비전을 끌어안고 한참을 엄마의 눈치를 살피던 푸름이는 어쩔 수 없음을 감지한다. 그래도 마뜩치 않은 자신의 심정을 나타내려는 듯 볼멘소리로 퉁퉁거린다.

"엄마, 그럼 오늘 난 뭐하고 놀라구!"

장난감이 쉬는 날!

처음에는 좋은 장난감을 사주는 것이 부모의 의무라고 생각했다. 잡지책에 나온 장난감을 사기 위해 발품 팔아 구입했다. 비싼 장난감이 좋은 장난감이고 좋은 장난감이 아이의 지능과 사고력을 높여준다고 믿었다. 때때로 새로 나온 장난감이 너무 비싸 사주지 못할 때는 혼자 자책하기도 했다.

그러나 장난감은 시간이 지나면서 부속이 빠지고 망가지니 활용의 여지가 없어지고 푸름이도 망가진 장난감에 대해서는 흥미를 금방 잃어버렸다. 게다가 모형 기차 같은 장난감은 싸움을 일으키는 원인이 되기 일쑤였다. 정교하고 값비싼 장난감들이 또래 친구에게 욕심을 부리게 만들 때가 많았다. 내 것, 네 것을 악착같이 따지는 푸름이를 보면서 값비싼 장난감이 놀이마저 비교와 경쟁으로 변질시켜 재미를 잃게 만드는 것은 아닌가 하는 생각에 가슴이 덜컹했다. 그때부터 엄마의 고민이 시작되었다.

'꼭 장난감이 있어야 할까?'

장난감이 있었기에 혼자서도 잘 노는 푸름이, 그러나 장난감 없이 하루 종일을 보내야 한다면 아마도 한두 시간쯤 놀고 나서는 엄마가 먼저 포기할 것 같은 두려움에 쉽게 결단을 내리지 못하고 있었다.

TV 토론 : 장난감 없는 아이들 세상

"'장난감 중독'이란 말도 있잖아요. 장난감을 가지고 노는 것보다 소유하려 하고 심지어는 자기가 장난감이라고 생각하는 경우도 있어요. 사람이 사람하고 눈을 맞추고 이야기하기 이전에 장난감이나 기계와 친구가 된 거예요."

"아이들은 놀아야 하고 놀 권리가 있어요. 많이 놀려야 해요. 장난감은 필요하다고 생각해요. 중요한 것은 장난감이 아니라 뭘 가지고 어떻게 노는가 하는 것이에요. 장난감을 뺏자마자 아이의 손을 잡아 주어야 해요. 손잡아 주는 사람이 장난감이 되어 주고 친구가 되어 주는 거죠."

"도시 환경은 놀 수 없게 만들죠. 제일 좋은 장난감은 사람입니다. 그 다음은 자연이구요."

"아이에게는 모든 것이 놀이대상, 장난감이 되는 것 같아요."

"어른들이 만들어 놓은 네모난 환경에서 아이들을 자유롭게 해주어야죠. 유아기 때만 느끼는 정서가 있어요. 장난감이란 경험을 표현하고 상상하게 하는 거죠. 나무토막 하나가 자동차가 되고 김밥이 되요. 아이의 창의성이 담겨 있는 놀이가 되어야 해요. 자연의 질서 속에서 아이들이 자기를 느낄 수 있다면 장난감

문제들을 훨씬 더 편안하게 받아들일 수 있을 거예요."

"그래, 푸름이는 장난감 없이도 신나게 놀 수 있을꺼야!"

엄마는 하루지만 장난감 없는 날을 행동으로 옮기기로 결정했다.

유치원에 다녀온 푸름이는 다시 무엇을 해야 할지 고민을 시작한다. 텔레비전과 컴퓨터는 그렇다 치고 다른 장난감들까지 싹 치워버린 엄마가 못마땅했는지 푸름이는 여전히 볼이 부어있다. 마침 친구가 놀러왔다.

"우리 오늘 텔레비전도 못 보고, 컴퓨터도 못 하고, 장난감도 못 갖고 놀아. 엄마가 하지 말래. 저렇게 나쁜 엄마가 어디 있겠어?"

이때다 싶었는지 금세 친구에게 하소연을 한다.

한숨짓던 푸름이는 친구와 함께 다른 놀이를 찾았다. 회전의자에 친구를 앉히고는 빙글빙글 돌리며 '빙빙이' 놀이라고 명명까지 한다. 장롱에서 이불을 꺼내 피아노 의자에 걸쳐두고 그 밑으로 들어가 자신들의 집이란다. 집에서 자기도 하고, 이야기도 하고……, 놀이는 계속되었다. 다시 매트, 수건, 담요를 묶어 기차를 만들어 칙칙폭폭 기차놀이를 한다. 모형기차로는 그렇게 싸우더니 자신들이 기차가 되니 웃음이 끊이지 않는다.

둘이서 뭐라 뭐라 계속 이야기하고 떠들고 웃고 장난치며 지치지도 않고 어울려서 잘 논다. 방금 전까지 '뭐하고 노냐' 던 질문이 무색할 정도로 생생하게, 신나게, 그리고 즐겁게 새로운 놀이들을 마구 창작해낸다. 장난감이란 매개체 하나 없이 그냥 몸으로 마냥 신이 나서 어쩔 줄 몰라 하는 두 아이를 보면서 역시, 아이에게 가장 좋은 장난감은 자연과 마음이 통하는 사람들인 것 같다는 생각에 마음이 놓인다.

저녁이 되어 친구가 가고 나니 잊고 있던 텔레비전이 다시 간절해진 눈치다. 푸름이의 눈길을 외면하는 것도 한계인지라 엄마는 하던 일을 대강 마무리하고 산책을 제안한다. 엄마 손, 푸름이손, 손에 손을 맞잡고 동네를 한 바퀴 돌아 아파트 뒤쪽에 동그마니 올라온 작은 동산으로 발걸음을 옮긴다.

"엄마는 참 좋다."

"내가 옆에 있어서?"

자기 대답이 쑥스러운지 까르르 웃어대면서도 반복해서 말하면 좋아하며 똑같은 대답을 내놓는다. 푸름이가 옆에 있어서 엄마는 그저 너무너무 좋다는 이야기, 푸름이의 얼굴은 어느 새 자부심과 생기로 반짝반짝 빛이 난다.

며칠 전 푸름이가 발견하고 이름을 붙여준 큰고래입 바위를 지난다. 둥글하기가 고래 머리 모양과 같은데다 중간이 움푹 파인 것이 고래가 입을 벌리고 있는 모양과 같다며 자신이 붙여준 이름에 만족스러워하며 스스로 대견해했다.

어느새 아이 손엔 나뭇가지 하나가 들려있고 만나는 사람들에게 인사하는 아이의 맑은 목소리를 들으며 자연은 보고 느끼는 좋은 장난감이란 생각이 든다.

그렇게 푸름이의 장난감 없는 하루는 다채로운 놀이들로 빼곡히 채워진다.

"왜 낮이 끝나야 하나요?"
"그래야 밤이 올 수 있으니까. 저길 보렴. 밤이 시작되고 있지.
밤은 달과 별, 그리고 어둠과 함께 너를 위해 꿈을 준비하고 있단다."

"낮이 끝나면 해는 어디로 가나요?"
"낮은 끝나지 않아. 어딘가 다른 곳에서 시작하지.
이곳에서 밤이 시작되면, 다른 곳에서 해가 빛나기 시작한단다.
이 세상에 완전히 끝나는 건 없단다."
샬롯 졸로토의 〈바람이 멈출 때〉 중에서

낮과 밤, 바람과 파도, 비와 계절......, 변화에 대해 연속적인 개념이 없는 아이들은 끊임없이 질문을 한다.
끝나는 것처럼 보이는 모든 것들이 이어지고 또 이어진다. 끝나는 것은 없고, 어딘가 다른 곳에서 시작하거나 다른 모습으로 시작한다.

아이들의 마음속에는 '왜?' 가 많을수록 깊어지는 우물이 있다. 그 우물이 마르지 않고 퐁퐁 샘솟게 하기 위해서는 어른들의 애정 어린 관심과 세밀한 주의력이 필요하다. 우리는 아이의 마음우물을 위한 멋진 질문들과 대답들을 가지고 있는가?

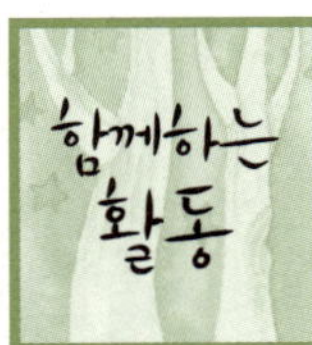

창의력 향상 프로그램

활동1. 직접 만드는 장난감

   기술의 발달은 아이들의 장난감에도 영향을 미쳐 많은 장난감들이 생겨났다. 리모컨 하나로 조정되는 미니카나 비행기, 레일까지 세트로 잘 구비된 기차, 알록달록 색깔까지 맞춘 블록 등 돈만 있으면 얼마든지 잘 만들어진 장난감들을 손쉽게 구할 수 있다.

   그러나 그것이 문제다. 장난감이 너무 많아서 탈이다. 비싸게 산 것도 며칠 있으면 싫증을 내고 처박아 두기 일쑤다. 생각할 필요도 없는 장난감, 다 만들어진 장난감만 아이 손에 들려주는 것은 아이의 창조성을 무시하는 처사

다. 대부분 플라스틱으로 만들어져 있는 이러한 장난감은 아이의 지능발달
에는 물론 생명을 귀하게 여기는 인성을 기르는데도 좋지 않다.

놀이가 전부인 아이들, 놀이가 일상이고 삶이고 배움인데, 자꾸 어른들이
짜여진 공부만 생각하니까 아이들이 노는 능력을 잃어버린다.

폐품으로 아이와 함께 직접 장난감을 만들어보자. 어머니가 쓰다 버린 이
빠진 그릇은 소꿉놀이에 사용하고, 기왓장은 곱게 갈아 고춧가루라며 사용
한다. 부러진 나뭇가지는 날선 검이 되고, 찌그러진 냄비뚜껑은 멋진 방패가
된다.

특별한 장난감이 없던 시절의 놀이문화에 대해 생각해보자. 산에서 동글
동글한 도토리를 주워서 하는 '구슬치기'나 찰흙을 한 덩어리 떼어 손으로
동글동글 빚어 아궁이에 던져 넣었다가 다음날 꺼내어 단단하게 만드는 '흙
구슬' 등 할아버지, 할머니의 놀이문화를 들어보고 배워보는 것도 좋다.

아이들에게는 특별히 완성된 장난감이 필요치 않다. 아이들의 일상은 놀
이이며 부딪히는 모든 것이 장난감이기 때문이다. 오히려 하나에서부터 열
까지 모두 갖추어진 장난감은 기차는 꼭 이런 모양이어야 하고 공주의 왕관
은 이런 것이어야 한다는 정형화된 도식을 만들어 아이들의 상상력을 가로
막아 버릴 수도 있다.

아이들은 지저분한 것과 조작할 수 있는 것을 좋아한다. 아이들은 환경을

평가하고, 탐색하고, 검사하고, 조사하고, 만져봄으로써 물리적인 지식을 배우기 때문이다. 조금은 부족하더라도 아이들의 상상력이 마음껏 나래를 펼여지가 있는 장난감, 엄마, 아빠와 함께 내가 만들어서 더욱 특별하고 귀한 장난감으로 아이들의 창의력은 쑥쑥 자란다.

활동2. 아빠와 함께 하는 하룻밤

우리 유치원에서는 매년 아버지와 아이를 대상으로 특별한 행사를 한다. 하루 동안 야외에서 텐트를 치고 함께 야영을 하는 것이다. 요즘 콘도나 펜션 등 숙박시설이 많아졌지만 아이와 함께 텐트를 쳐보고 가까이에서 아빠의 책임감과 든든한 팔뚝을 느껴보게 해주면 어떨까. 아이들과 함께 자연 속에서 밤하늘의 별을 보며 텐트를 치고 자보는 소중한 시간은 아버지에게도, 아이에게도 색다른 경험으로 남는다.

단 하루, 유치원 근처에서 텐트를 치고 자는 것뿐이지만 그것은 곧 야생의 생생함 속에서 요즘 아이들에게 사라지고 있다는 모험과 감동을 아빠와 함께 되살리는 연습이다.

아이에게 텐트 치는 법을 알려주고 함께 텐트를 쳐가면서 아이는 바깥에서 밤을 보내는 것을 실감하게 되고 가슴이 두근거린다. 처음에는 조금 두려울 수도 있지만 아버지와 '함께'라는 사실은 두려움을 없애고 긍정적인 두근거림만을 느끼게 한다. 그것은 새로운 것, 낯선 것에 대한 도전의식으로 나아가는 원동력이 되어준다.

모험이란 꿈을 키우는 것이다. 어떤 종류든 미지의 세계와 만난다는 자체가 꿈이나 공상을 키우는 계기가 된다. 아이는 어떤 불가능한 것도 가능하다고 생각하는 법이다. 이렇게 미지의 세계에 도전하는 모험심이 인생을 개척하는 적극적인 자세의 원천이 된다.

어린 시절부터 여러 가지 모험을 해보면서 미지의 인생을 개척해나가는 사람의 모습에는 힘찬 아름다움이 있다.

그 모험의 첫 시작에 아버지라는 존재가 있다.

활동3. 자전거 등교

    언젠가 아이와 함께 자전거로 등교하는 어머니를 보았다. 아이는 세발자전거를 타고 앞장을 서고 어머니는 자전거로 아이의 뒤를 따랐다. 자동차로 오면 얼마 안 걸리는 거리를 아이의 세발자전거 속도에 맞춰 오자면 두배 넘는 시간이 걸렸을 것이다. 아이와 함께 자전거를 타고 오기 위해 다른 날보다 일찍 준비했다는 어머니.

    그 어머니를 보면서 우리 유치원에도 자전거 등원일을 만들었다. 1년에 두 번, 아빠의 휴일을 이용해 미리 전화를 하고 차량을 이용하지 않고 엄마, 아빠와 함께하는 자전거 등교를 한다. 물론, 집에 갈 때는 아이들의 세발자전거를 유치원 차에 싣고 집으로 무사히 보내준다.

    자전거를 타고 등교를 하면 그동안 차 안에서 무심코 지나쳤던 것들이 보이기 시작한다. 얼굴을 가볍게 어루만지는 바람을 느끼고 길가에 자잘하게 핀 풀꽃들과 인사를 나눌 수도 있다. 봄 나비와 가을 잠자리의 뒤를 따라 자전거 페달 밟는 속도를 맞춰보기도 한다. 매일 반복되는 '등교'라는 일상, 그 안에서 소소하지만 늘 새로운 감동이 넘쳐난다는 것을 아이는 배운다. 그것이 아이의 세계를 더욱 넓게 만든다.

무엇보다 아이와의 대화가 넘쳐나는 시간이 된다. 부모자식 간에 대화다운 대화가 사라지고 있는 요즘 아이의 자전거를 뒤따르는 동안, 아이가 본 것을 보고 아이가 보지 못한 것을 나눌 수 있게 된다. 작다라고 생각했던 아이의 관찰력에 놀라고 아이의 호기심에 놀라며 무한한 아이의 세계에 흐뭇하게 될 것이다.

활동4. 역할놀이로 키우는 재미

영재교육의 효시라고 알려진 칼 비테의 어머니는 역할놀이를 통해 모든 일을 가르쳤다. 부엌일을 도울 때는 요리사의 자격을, 청소를 도울 때는 청소부의 자격을 통해 놀이를 하듯 모든 일을 했다고 한다.

"자, 비테! 이제부터 너를 요리사로 명하노라. 저기 있는 피망을 가져오도록!"

이때, 비테가 어머니의 명령을 제대로 수행하면 상을 받고, 잘못 수행하면 하인으로 강등되었다.

"이건 오이가 아닌가. 오이를 피망과 헷갈리다니, 비테! 요리사의 자격을 박탈하니 하인에서부터 다시 시작하여 배우도록 하라."

그러면 비테는 요리사로 다시 올라가기 위해 열심히 야채의 이름을 외우려고 했다. 그 덕에 야채의 이름과 특성까지 재미있고 신나게 배울 수 있었다. 비테의 어머니처럼 하나의 역할놀이를 통해 무의식중에 배움의 즐거움을 느끼게 해줄 수 있다.

선생님, 학생, 청소부 아저씨 등 여러 가지 역할을 정해 놀이를 해보자. 신문이나 잡지에 있는 사람모양을 오려서 활용하면 더욱 확실하게 그 역할에 빠져들 수 있다. 이 놀이는 아이로 하여금 자신이 맡은 역할에 대한 이해와 행동을 알게 해주고 나름대로의 기준을 세우는 과정이 된다.

살아있는 창의력은 살아있는 지식에서 나온다. 줄줄이 외우기만 하는 죽은 지식은 그저 머릿속에 고정되어 남아 있을 뿐 살아서 움직이지 못한다. 재미있게, 체험하며 배운 지식은 활발하게 활동하며 무한한 지혜로 변화, 발전되어 갈 것이다.

활동5. 그린 디자이너 되기

  언젠가 중학생 아이들의 공책을 본 적이 있다. 쓰기 힘든 왼쪽 페이지는 여백으로 남겨둔 채 쓰기 편하고 글씨가 잘 써지는 오른쪽만을 사용하고 있었다. "오른쪽을 다 쓰면 나중에 왼쪽 페이지도 사용할 거니?"하고 물었더니, 별 고민도 없이 "아니요."라는 대답이 돌아오는 것을 보면서 놀랬다.

  물자가 넘쳐나는 풍족한 세상 속에 사는 아이들은 그 넘쳐나는 물자가 종국에는 쓰레기로 쌓여간다는 것을 인식조차 하지 못하고 있는 듯 했다. 새 공책마저도 입맛에 맞게 쓰고 버리는 아이들이 재활용이나 리폼을 생각할 리 만무하다. 아이 때부터 자신이 쓰는 물품에 대한 생각과 재활용이 가지는 의미에 대해 가르쳐야 한다. 더불어 생태미래를 아이의 손으로 만드는 창의적인 활동도 겸할 수 있다.

  커피봉지는 커피봉지대로, 찌그러뜨린 빈 캔은 캔대로, 잘 말린 낙엽은 낙엽대로 모아서 무엇을 만들 수 있을까. 한낱 쓰레기에 불과해 보이는 이것들이 알록달록 특이하고 예쁜 방석이 된다. 자장면을 시켜 먹으면 같이 오는 일회용 나무젓가락, 그것을 싸고 있던 종이를 책갈피로 사용할 수 있다. 맛있는 오렌지 주스가 담겨져 있던 페트병은 잘라서 화분으로 만들 수 있고,

다 쓴 티슈통은 채집통으로 사용할 수도 있다.

그저 쓰레기로 방치되어 가는 많은 것들을 아이와 함께 멋지게 디자인해보는 시간을 갖자. 이는 쓰레기를 줄이는 활동이요, 쓰임의 의미를 배우는 활동이며 나아가 꼬마 디자이너로 창의력을 키워가는 활동이 될 것이다.

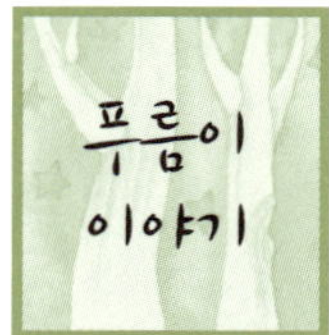

도토리 열매를 품는 마음

"아야, 이쪽으로 돌아야 하잖아!"

"네가 틀린 거야. 나는 제대로 돌았단 말이야!"

푸름이는 오늘도 연습 내내 둥글이와 투닥거린다.

재롱잔치를 앞두고 꼭두각시 춤을 추게 된 푸름이는 파트너가 된 둥글이가 좀처럼 맘에 들지 않는다. 둥글이도 푸름이가 맘에 들지 않는지 파트너가 된 이후부터 내내 삐딱하게 군다. 쳇, 저 태도는 뭐람, 자신이 둥글이를 맘에 안 들어 하는 건 생각지도 않고 둥글이가 자신에게 삐딱하게 굴자 푸름이는 왠지 더욱 기분이 나빠져 더더욱 못되게 굴었다. 매일매일 서로 누가 더 트집을 많이 잡는지 내기라도 하듯이 서로에게 으르렁거리며 연습의 맥을 번번이 끊어 놓았다.

유치원 선생님들이 이 둘의 사이를 잘 이끌어주려고 노력했지만 연습이 계속될수록 푸름이와 둥글이의 관계는 개선될 여지가 보이지 않는다. 아예 파트너를 바꿔주자는 이야기까지 나왔지만 그 방법은 원장 선생님이 허락하지 않았다. "서로 맞춰가는 것도 배워야 해요. 무조건 맘에 안 든다고 쉽게 바꿔버릇하면 그건 교육의 올바른 태도가 아닙니다." 라는 단호한 말씀과 함께. 그러나 호전의 기미가 전혀 보이지 않았고 그렇게 서로 원수 보듯 하는 아이들을 데리고 연습을 하려니 유치원 선생님들은 매일이 곤혹스러울 따름이다.

"엄마, 난 둥글이가 너무너무 싫어."

퉁퉁 부은 얼굴로 유치원에서 돌아온 푸름이의 입에서 어김없이 둥글이 이야기가 나온다.

처음, 푸름이 입에서 특정 친구를 싫어한다는 말이 나왔을 때 엄마는 푸름이를 앉혀놓고 진지하게 이야기를 했다.

"푸름아, 친구를 함부로 싫다고 하면 못써. 혹시 그 친구가 무슨 실수라도 했니?"

"아니. 그냥 싫어."

“그냥이 어디 있니? 그냥 사람이 싫다는 게 말이 돼?”

“그치만 정말 그냥 싫은 걸. 몰라, 그냥 싫어, 싫어!”

둥글이가 실수를 했다거나 하는 특별한 이유라도 있다면 사과를 받고 화해를 시키든지 하겠지만 막무가내로 싫다는 데 엄마는 난감했다. 계속해서 정말 이유가 없는지 다그치기도 하고 그러면 안 된다고 엄포를 놓기고 하고 푸름이는 착한 아이라고 살살 달래도 보았지만 ‘둥글이 싫어 타령’은 수그러들지 않았다.

푸름이의 둥글이에 대한 이유 없는 싫음도, 재롱잔치 연습에서의 다툼도 여전히 계속되었다. 푸름이 엄마는 유치원 선생님이나 둥글이 엄마를 만나야 하는 건 아닌가 싶기도 했지만 괜히 애들 싸움이 어른 싸움이 될까 싶어 일단은 잠자코 있기로 했다.

푸름이네 가족의 수목원 나들이 날.

그러나 앞으로 얼마 남지 않은 재롱잔치 연습이 엉망진창인 푸름이의 마음 한 구석은 찜찜했다. 숲에서 엄마와 아빠는 여전히 맨발로 걷고 뛰고 하지만 그 뒤를 따르는 푸름이는 영 흥이 나지 않았다. 머릿속이 온통 재롱잔치와 둥글이로 가득 차서 나무에 인사를 하는 것도 잊어버리고 고개를 푹 숙인 채 터덜터덜 엄마 아빠 뒤를 따라갔다.

“푸름아, 여기 좀 보렴!”

엄마가 저 앞에서 푸름이를 부른다.

“도토리야. 와, 이런 장면을 보다니.”

엄마의 부름에 애써 힘을 내고 달려가 보니 수북이 덮인 낙엽 사이로 땅에 뿌리를 막 내리기 시작한 도토리 하나가 보였다.

“푸름이는 도토리가 어떻게 뿌리를 내리는지 아니?”

엄마는 얼마 전에 들은 도토리 이야기를 푸름이에게 들려주었다.

도토리 열매가 동그란 형태를 갖게 된 데에는 도토리나무의 뜻이 담겨 있다. 바로 땅에 떨어지자마자 멀리까지 굴러가 햇빛 잘 들고 기름진 땅에 뿌리 내리기를 바라는 염원 때문이란다. 그렇게 열매를 떨어뜨리고 나서 나무는 잎을 이리저리 흩날리는 데 그것도 다 이유가 있단다. 멀리까지 굴러간 열매를 잎으로 덮어 겨울 동안 얼어 버리는 걸 막으려는 지혜가 그 속에 숨어 있다는 것이다.

“푸름아!”

이야기를 마친 엄마는 조금 진지해진 목소리로 푸름이를 불러 조심스럽게 질문을 던졌다.

“이 도토리가 뿌리내린 데는 이렇게 나무가 세심하게 생각해주고 잎을 떨어뜨려 주고 품어줬기 때문인 거야. 대단하지 않니? 나무에 도토리 열매가 둥글둥글하지 않았으면 어땠을까? 나무에 똑같이 도토리 열매만 가득하고 잎이 없었으면 어땠을까?”

엄마는 어린 푸름이에게는 무리일지도 모르겠지만 그래도 느꼈으면 싶었다. 도토리 하나가 뿌리내리기까지 나무가, 나뭇잎이 가없는 사랑으로 도토리 열매를 품어 안았다는 것을 말이다. 둥글이가 왜 싫은지는 알 수 없지만 그저 무작정 싫어하기 보다는 함께 세상에 뿌리내리기 위해 서로 품어 안는 노력을 할 수 있기를 말이다.

사람이 숨 쉬는 것과 밥 한 그릇을 먹는 것, 그렇게 살아가는 것들 가운데 다른 사람과 다른 존재, 그 천지만물의 은혜에 기대지 않는 것은 단 한 가지도 없다. 생각해보면 살아있음 그 자체가 다른 생명, 다른 존재의 덕이다. 바로 지금 네 곁에 있는 친구를 인정하고 품어 안을 수 있는 넉넉함을 자연의 품에서 조금이나마 배울 수 있기를.......

푸름이는 뿌리 내리는 도토리 열매에 집중해 있던 시선을 돌려 그 열매를 감싸고 있는 잎들을, 그 옆에 서 있는 나무들을 천천히, 그리고 찬찬히 살펴보기 시작했다.

둥글둥글, 도토리열매가 말을 건넨다.

“도토리 열매는 다시 도토리나무가 되고 잎을 내고 또 열매를 맺고.......,

결국 다른 것 같지만 도토리 열매는 도토리나무면서 잎인 거야. 가장 가까이
에 있는 친구 역시 곧 네 자신의 다른 모습이란다.

자신을 제대로 품어 안지 못하면서 세상의 어느 누구를 품어 안을 수 있겠
니. 품어 안지 않고서 어찌 싹틔우며 꽃피워낼 수 있겠니. 네가 그렇게 그 아
이를 품어 안을 때 그 아이 또한 그 곁의 친구를 안고 그렇게 되면 온 세상이
모두 한 품으로 안을 수 있게 될 거야."

재롱잔치 연습시간.

딴따다 딴따~, 음악에 맞춰 고개를 좌우로 흔드는 둥글이의 얼굴에서 동
글동글 도토리 열매의 모습이 보이는 것 같다. 푸름이의 얼굴에서 자기도 모
르게 배싯, 웃음이 배어나온다.

"세상에서 가장 어려운 일은 사람이 사람의 마음을 얻는 일이란다.
각각의 얼굴만큼 다양한 각양각색의 마음을.......
순간에도 수만 가지의 생각이 떠오르는데
그 바람과도 같은 마음이 머무르게 한다는 건 정말 어려운거란다."
생텍쥐페리의 〈어린왕자〉 중에서

바람과도 같은 마음이 머무르기에 관계맺음은 소중할 수밖에 없다. 작은 사막여우를 통해 서로를 이해하기 위해 시간을 들이는 길들임의 관계맺음이 얼마나 행복한 일이었는가를 상기하게 되는 어린왕자. 내가 길들였기에 그는 나에게, 나는 그에게 단 하나의 존재로 소중하게 다가온다. 아무에게도 열어주지 않는 문을 그에게만은 열어줄 수 있는 특별한 친구가 되는 것이다.
'외동'으로 태어나 '혼자'로 자라는 우리 아이들이 '나'라는 틀을 깨고 '우리'라는 드넓은 평원으로 달려가기를 바란다. 바람과도 같은 마음을 얻기 위해 노력하고 인내할 줄 아는 아이들로 자라기를 소망한다.

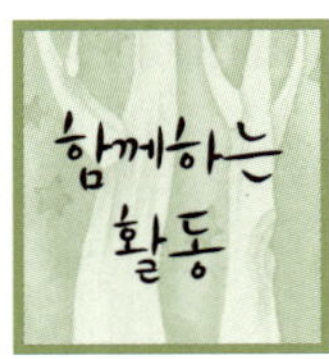

관계 맺기 프로그램

연습1. 내 안의 가치발견

『강아지 똥은 하늘의 눈부신 별들을 쳐다보다가 어느 틈에 그 별들을 그리워하게 되었습니다.

'영원히 꺼지지 않는 아름다운 별빛.'

이것만 가질 수 있다면 더러운 똥이라도 조금도 슬프지 않을 것 같았습니다.

강아지 똥은 자꾸만 울었습니다. 울면서 가슴 한 곳에다 그리운 별의 씨앗을 하나 심었습니다.

비가 내렸습니다. 강아지 똥 바로 앞에 따란 민들레 싹이 하나 솟아났습니다.

민들레 씨앗과 이야기를 나누다가 민들레가 말했습니다.

"네가 거름이 되어 줘야 한단다."

이 말을 듣고 강아지 똥은 놀랐습니다. 그리고는 벅차오르는 기쁨에 그만 민들레 싹을 꼬옥 껴안아 버렸습니다.

"내가 거름이 되어 별처럼 고운 꽃이 피어난다면 온몸을 녹여 네 살이 될게."

비는 사흘 동안 계속 내렸습니다. 강아지 똥은 온몸에 비를 맞아 잘디잘게 부서졌습니다. 그렇게 민들레는 아름답게 피어올랐습니다. 방긋방긋 웃는 꽃송이엔 귀여운 강아지 똥의 눈물겨운 사랑이 가득 어려 있었습니다.』

모든 사랑의 기본은 자기애다. 자기를 사랑하지 않는 사람이 타인에 대한 마음을 품을 수는 없다. 물론, 너무 과한 자기애는 개인주의와 이기주의의 나락으로 빠지게 되지만, 아예 자기애가 없는 사람도 밖으로 나가지 못하는 무기력한 존재가 된다.

다른 이들과의 관계를 맺어가는 가장 첫 번째 계단은 스스로를 사랑하고 자기 안에 있는 가치를 발견하는 것이다. 스스로에 대한 가치를 인정하지 못하는 사람은 아무 것도 할 수가 없게 된다.

일을 할 때도 각기 다른 능력이 서로 어우러지면서 해나가는 것인데 자기를 무가치하다고 느끼며 의기소침해지는 사람이 있다. 그렇게 능동적이지 않던 사람도 무언가 자기의 역할이 필요한 곳이 있음을, 자신이 인정받았음을 확실히 알고 나면 더욱 발전하는 것이다.

위의 내용은 동화작가 권정생의 유명한 동화 〈강아지 똥〉의 마지막 부분이다. 주위로부터 더럽다는 타박을 들으며 스스로에 대해 고민하던 강아지 똥이 결국에는 자신의 가치를 찾아가는 이야기이다. 강아지 똥이 무가치하다는 자기 비하에 빠져 있을 때는 아무 것도 할 수 없었다. 그저 저렇게 되고 싶어, 이렇게 되고 싶어, 라는 헛된 망상만 가득했을 뿐이다. 그러나 그가 꽃을 피우는 거름으로의 존재를 인정받았을 때, 그는 민들레꽃을 위해 기꺼이 자신을 내어줄 수 있었던 것이다.

아이의 존재가치를 가장 먼저 인정해주는 부모가 되어야 한다. "넌 왜 이정도 밖에 못하니?"라고 아이의 능력이나 재능을 판단하고 몰아치는 부모는 자기도 모르게 아이를 점점 더 '이 정도' 라는, 그리고 '못한다' 는 틀 안에 가두는 꼴이 되어 버리고 만다.

하루 세 번씩 아이를 꼭 끌어안고 "사랑해!"라는 속삭임을 전해주자. 아이가 자신의 가치를 인정받을 때, 아이 속의 타인을 향한 애정이 눈을 뜨고 드넓은 우주를 향한 사고가 숨쉬기 시작할 것이다.

# 연습2. 다름을 바라보는 눈

아이들은 싸우면서 큰다. 서로 다르기 때문에 싸우고 싸우다가 서로 다르다는 것을 깨닫는다. 그렇게 생각의 폭을 넓혀 간다. 아이들의 싸움이 의미를 갖는 것은 '나' 라는 좁은 우물을 빠져나가는 통과의례와 같은 것이기 때문이다. 그러나 '내' 아이만 생각하는 부모의 개입은 아이의 싸움이 그 자리에 머무르게 만들어 버린다. '내 아이는 잘못한 것이 없다' 는 부모의 생각은 '나만 옳다' 는 생각으로 아이에게 고착되어 버린다. 부모가 아이의 성장기회의 박탈하는 것이다.

황희 정승의 유명한 일화를 기억하는가?

어느 날 두명의 여자종이 서로 싸우다가 황희 정승에게 시시비비를 가려줄 것을 부탁했다. 먼저 한 여자 종이 자초지종을 호소하니 황희 정승이 "네 말이 옳다."고 말해주었다. 뒤에 있던 다른 여자 종이 억울하다며 자초지종을 호소하니 황희 정승은 그 여자 종에게도 "네말이 옳다."고 했다.

그 모습을 지켜보던 조카가 답답함에 "아저씨는 몹시 흐리멍덩합니다. 한쪽이 옳으면 한쪽은 그르고 한쪽이 그르면 한쪽은 옳은 법이지, 이쪽도 옳고 저쪽도 옳다고 하시면 도대체 어느 쪽이 틀렸다는 말씀입니까?"하고 따지니 황희 정승은 "네 말도 옳다"하고 읽던 책만 계속해서 읽었다.

황희 정승과 같은 부모가 되어야 한다. 싸우고 들어온 아이가 억울함을 부모에게 토로할 때 일단 아이의 마음을 헤아리고 그 억울함을 "내가 옳게 생각했구나!"라고 보듬어줘야 한다. 그러나 거기서 끝내서는 안 된다. 아이의 화가 가라앉으면 그 싸움의 원인을 다시 생각하도록 하자. 그 원인에 대한 내 아이의 생각은 이미 들었으니 이번에는 친구의 입장을 생각하도록 유도한다. 그 과정에서 아이는 친구가 정말로 틀린 것인지, 아니면 단지 생각하는 방법이 조금 다를 뿐인지를 자기 스스로 깨닫게 될 것이다.

연습3. 마루에서 다함께

　우리 유치원에서는 여름이면 다들 모여 '마루 책읽기'를 한다. '마루 책'이라는 특별한 책이 있는 것이 아니라 마루에서 아이들이 다 함께 책읽기를 하는 것을 마루 책이라고 하는 것이다. 마루에 다소곳이 앉아서도 보고, 둘이 책 하나를 펴놓고 나란히 엎드려서 같이 보기도 하는 등 유치원 마루의 너른 공간에서 자유롭게 책읽기를 즐긴다.

　나는 이 마루라는 공간을 참 좋아한다. 내 이불, 내 책상, 내 침대, 내 의자 등 내 것이 넘쳐나는 공간들 속에서 마루만이 모두의 것이기 때문이다. 개인 생활보다는 공동체 생활을 중시하는 마루에서 내 것을 챙기는 것은 왠지 우스워 보인다. 그런데 최근 마루의 존재는 유명무실해지고 모두들 '나'만의 공간으로 들어가기 바쁘다. 하나의 큰 공동 공간이었던 마루도 어느 새 소파다 뭐다 해서 개인자리로 나누어 버린다. 마루문화가 점점 사라지고 있는 것 같아 아쉽다.

　'함께'를 배우고 가르치려면 '함께'를 느낄 수 있는 공간이 있어야 한다. 그러기에는 마루만큼 편하고 좋은 공간은 없다.

　무더운 여름밤, 혹은 추운 겨울밤 일주일에 한번 정도라도 온 가족에 마루에 이불 하나 크게 펴놓고 다함께 자는 날을 만들어보자. 우리 유치원처럼 온

가족이 함께 하는 마루 책읽기 시간을 따로 만들어 두는 것도 좋다. 그렇게 아이에게 같이 산다는 것의 의미를 눈으로 보여주고, 함께 나눈다는 것의 의미를 피부로 느끼게 해주자.

연습4. 거리에서 합주를

핵가족시대의 개성이 강한 요즘 아이들은 '함께'의 의미를 제대로 알 수가 없다. 더불어 함께하는 '우리'를 배울 수 있는 활동 중 하나가 합주다. 자기 자신만 신경 쓰면 되기 때문에 혼자서 잘 하는 것은 쉽다. 못해도 혼자서 못한 것이 되니까 부담도 덜 하다. 그러나 함께 무언가를 하게 되면 다른 사람의 활동까지도 신경 쓰고 살펴야 한다.

나는 잘했는데 다른 사람 때문에 평가가 낮아져 억울할 수도 있고, 역으로 자기가 못하면 너무 미안할 수도 있다. 그러나 그 과정에서 아이들은 '나'를 벗어나 '우리'를 바라보게 된다. 나 혼자만 잘하면 되는 것이 아니라, 다른 사람의 악기와 박자와 음정을 다 이해할 때 조화를 이루고 비로소 아름다운 한곡의 음악을 완성해낼 수 있다는 것을 깨닫게 되는 것이다.

거리에서의 합주는 음률활동 뿐 아니라 표현을 통한 자신감과 성취감을 고양시켜준다. 소극적인 성격이어서 잘 나가지 못했던 아이도 '친구들과 함께'라는데 힘을 얻어 조금씩 활동을 하다보면 적극적이며 책임감 있는 성격으로 바뀔 수도 있다. 또한 교실이외의 다양한 장소에서 경험활동을 증진시켜주고, 거리에서의 기본 규율과 질서를 배워갈 수 있다.

# 연습 5. 세대공동체를 위해

세대차이라는 말이 있다. 엄마, 아빠를, 그리고 할아버지, 할머니를 이해하지 못할 때 우리는 너무나 쉽게 '세대차'라는 말로 일축해버린다. 또래친구와 잘 지내지 못하는 것은 심하게 걱정하는 부모들도 윗세대와 잘 지내지 못하는 아이에 대해서는 크게 걱정하지 않는다. 그러나 진정한 사회성은 수직으로도 수평으로도 원만하게 형성되어야 한다.

한때 지나친 입시위주, 지식위주의 교육이 문제화되고, 학교에 대한 불신이 팽배했을 때 홈스쿨링에 대한 관심이 급부상하였다. 가정교육이 중심이되던 옛 우리의 교육이며, 선진국에서는 이미 많은 부분 홈스쿨링이 인정되고 있다는 이야기였다. 그러나 급부가 있으면 반대급부도 있는 법, 홈스쿨링에 대한 비판도 함께 일었는데 그 비판의 중심에 있었던 것이 또래집단과 어울릴 기회가 없어져 사회성 발달이 현저하게 낮아진다는 것이었다.

그러나 이는 사회성의 단면만을 생각한 지적이다. 학교에서 교사라는 특정어른 집단 외에는 모두 또래 속에 파묻혀 지내는 아이보다 오히려 집에 있으면서 다양한 연령계층의 사람들을 만나본 아이가 어디에서나 쉽게 어울리게 된다고 한다.

물론, 모두 홈스쿨링을 하자는 이야기가 아니다. 사회성을 이야기할 때 수

직적인 사회성에 대해서도 간과하지 말아야 한다는 말이다. 가족단위가 점점 작아지는 시대이기 때문에 수직적인 사회성은 점차 희박해져 갈 것이다. 옛 우리 선조들이 순박하고 둥글었던 이유 중 하나는 증조 할아버지부터 증손자까지 한집에서 살았던 대가족제가 한몫을 하지 않았을까 생각해본다.

# 배려. 달라서 행복한 공생

다람쥐는 도토리를 먹는다. 다람쥐가 먹다 남은 도토리의 일부는 땅에 뿌리를 내리고 도토리나무로 자라게 된다. 해오라기나 왜가리는 물소의 등에 앉아 진딧물 등을 잡아먹는다. 해오라기와 왜가리는 물소 등의 진딧물로 포식을 하고 물소는 깨끗이 목욕을 하는 셈이 된다. 흰동가리는 말미잘 속에 숨어 있으면서 적을 피하거나 먹이를 구한다. 그 보답으로 말미잘의 병든 촉수를 자르고 찌꺼기를 청소해준다. 무화과나무는 꽃이 필 때 꽃받침과 꽃자루가 커지면서 꽃이 주머니 속으로 들어가기 때문에 꽃이 보이지 않아, 이름까지 꽃이 없다는 의미를 가지게 되었다. 나비나 벌의 눈에 띄기 않기 때문에 번식이 어렵다. 그러나 무화과말벌은 꽃받침 안쪽에 있는 꽃이 수정할 수 있도록 돕고, 말벌은 안쪽에 알을 낳는다.

위에 열거한 내용은 생태계 안에서 서로에게 도움을 주는 관계들이다. 악어와 악어새처럼 서로에게 도움을 주는 것이 특히 눈에 두드러질 때, 그것을 공생관계라고 부른다. 이들이 공생관계가 될 수 있는 이유는 서로 다르기 때문이다. 다름은 그래서 행복이 된다.

아이들은 '다름'의 행복을 자연을 통해 배워야 한다. 자연 속 공생관계를 단순히 생태계의 지식으로 습득하고 마는 것이 아니라 우리 인간이 살아가는 관계 속에 대입을 해보자. 내 친구가, 내 동생이, 내 부모가 나와 다르기 때문에 답답한 것이 아니라 나와 다르기 때문에 재미있고 즐거운 사귐이 되는 것이다.

배려2. 꽃이양보한자리

달빛이 싸늘히 식어가고, 회색구름이 밀려드는 추운 겨울 날, 두 마리의 고슴도치는 서로의 체온을 나누려 다가갔다. '함께' 여야 느낄 수 있는 따스한 체온을 기대하며, 풍성한 온기를 기도하며. 그러나 그들은 아픈 피를 흘린 채 떨어질 수밖에 없었다. 따뜻한 서로의 온기는 그들의 것이 아니었다. 피 흘리는 아픔 없이는 얼싸안을 수 없는 갈등, 이는 태어날 때부터 가시를 등에 얹은 고슴도치의 딜레마이다.

가족의 개념이 점점 작아지고 우리보다는 '나' 중심으로 사회가 돌아가면서 언젠가부터 우리 아이들은 가시를 잔뜩 세운 한 마리 고슴도치가 되어가는 건 아닌가 하는 생각이 들 때가 있다. 내 가시를 뉘여 상대를 보듬으려 하기 보다는 나홀로 살아가는 방식을 터득해버린다. 불편하게 양보를 하느니 차라리 혼자가 낫다는 이기적인 이유로 말이다.

이런 아이들에게 자연을 가까이서 지켜보게 하자.

흰 꽃이 꽃자루 끝에 한 송이 씩 피어나는 수련은 꽃이 지면 꽃자루가 할미꽃처럼 굽어져 물속으로 들어가고 후에 그 끝에 검은 열매를 맺는다. 만약 하얗게 피어난 수련이 지기를 거부한다면 사계절 내내 아름다운 수련을 감상할 수는 있겠지만 그 다음해에는 수련을 볼 수 없을 것이다.

이러한 자연의 변화는 아이에게 '양보'의 개념을 가르치는 데 활용할 수 있다. 물론, 자연의 섭리는 좀더 오묘한 것이지만 눈앞에 보이는 자연의 변화로 '양보'라는 추상적인 의미를 조금은 구체화시켜 줄 수 있다.

봄, 여름, 가을, 겨울, 계절마다 한번씩 아이를 데리고 과수원을 찾아보자. 계절마다 나무의 변화를 관찰하게 하자. 무엇보다 꽃이 있던 자리에 맺히는 열매를 주목하도록 한다. 맛있는 과일이 열리기 위해서는 아름다운 꽃이 적당한 때에 자리를 양보해줘야 한다는 것을 눈으로 보고 느끼도록 꽃과 열매의 자리교체를 잘 활용하면 된다.

 ## 배려3. 아낌없이 주는 나무

나무의 일생을 보면 함께 살아간다는 것의 의미를 알게 된다. 땅 속에 단단히 뿌리박고 하늘을 향해 뻗어 오르는 나무의 삶은 자연을 아우르기 때문이다. 장구한 세월을 묵묵히 견디며 모든 생명들에 자신을 내어주는 나무이야기!

물기와 온기, 산소가 풍부한 곳에서 싹을 틔운 나무는 뿌리를 내리며 자리를 잡아간다. 땅속의 물이 헛물관을 통해 가지 끝까지 뻗어 오르고, 체관부는 떡잎에 저장되어 있는 영양소를 뿌리에 전달해준다. 이제 나무는 스스로, 또는 이웃에 있는 나무와 협력하면서 무럭무럭 자라기 시작한다.

태양과 땅의 힘을 빌려 자라는 나무는 다른 생명과의 공존을 배운다. 진균류와 협력관계를 맺는데, 나무는 진균류에게 보금자리를 제공해주고 진균류는 다른 병충으로부터 나무를 보호해준다.

뿌리와 가지를 위 아래로 뻗은 튼실한 나무는 이제 자신의 씨앗을 퍼뜨린다. 바람과 곤충들의 도움을 받아 막연한 불안감을 견디며 또 다른 자신을 틔우는 힘을 가진다. 언제나 뻗어있는 아름다운 가지로 지표면을 덮은 나무는 시간의 무게를 오롯이 이겨낸다.

16년, 이제 고목이 된 나무의 속은 텅 비었고, 더는 성장을 하지 않는다. 그곳은 이제 다람쥐를 비롯한 여러 동물의 보금자리가 된다. 또 개미를 비롯한 곤충 백여 종도 이곳에 의지해 살아간다. 나무는 그렇게 따스한 성숙의 시기를 맞이한다.

700년, 이제 쓰러진 나무는 썩어서 땅 속으로 스며들고 또 다른 생명을 위해 기꺼이 자신을 내어준다. 나무는 여러 동물과 식물들에게 쉴 곳과 먹을 것을 제공해준다. 이끼류와 양치류에 둘러싸여 나무는 마침내 하나의 흙으로, 자연으로 돌아가는 것이다.

한 그루의 나무, 우리는 그 속에서 숲속 생태계의 아름다운 공존을 본다. 그렇게 나무는 다른 존재들과 뿌리로 한데 얽혀 아름답게 살아간다. 나무가 자라는 모습을 세밀하게 관찰하면 나무가 어떻게 자연에 자신을 맞추는지, 그래서 얼마나 멋진 아름드리나무로 성장하는지 알 수 있다.

 # 배려 4. 생태를 생각하는 여행

　여름방학이 끝나고 오면 아이들은 엄마, 아빠와 함께 여행을 다녀온 추억으로 이야기꽃을 피운다. 여행은 분명 아이에게 많은 것을 가르쳐주는 아주 효과적인 교육활동 중 하나이다. 특히 가족과 함께 가면서 가족에 대한 배려를 배우고, 낯선 이들과의 만남이 주는 기쁨을 배울 수 있다. 그러고 보면 아이의 사회성을 기르는 데 여행만큼 효과적인 것도 없다. 그러나 여기서는 한 가지 더 생각하는 여행을 제안하고 싶다.

　지금까지 여행은 '인간' 에게 초점이 맞추어져 있었다. 다음 이야기를 한번 살펴보자.

　시골의 어느 한적한 호숫가 마을이 있었다. 그곳은 간혹 외부사람들이 와서 낚시를 하지만 아직 아는 이들이 적어 지역주민들만이 호수의 아름다움에 감탄하곤 하는 곳이었다. 그 호수가 한 명, 두 명 그렇게 입소문을 타기 시작하며 관광객들로 붐비기 시작했다. 그러자 관광객들의 편의를 위해 흙을 뒤엎는 도로공사를 시작으로 호수주변에 빽빽이 숙박, 접객업소들이 자리 잡았다. 관광지로의 이름은 땅값폭등으로 인한 투기와 호수의 더러움만을 남긴 채 기억에서 사라지고 말았다.

지금까지 우리의 여행 실태는 이러했다. 마치 아름다운 천혜의 자연을 얼마나 단기간에 파괴해 버릴 수 있는지에 대한 시합이기라도 하듯 그저 우르르 몰려가 보고 즐기면 그만이었다. 그러나 기존의 혼잡하고 일률적인 여행 경험에서 벗어나 자연 그대로에서 보다 의미 있고 교육적인 경험을 얻고자 하는 여행으로 바뀌어야 한다. 이러한 여행의 변화를 '생태관광(eco-tourism)' 이라는 신조어로 함축할 수 있다. 이는 생태학과 관광을 결합한 새로운 접근으로 풍물을 단순히 보고 즐기던 기존의 관광에서 벗어나 날로 오염되는 지구생태계의 심각성을 깨닫고 생태계 보존을 체험하는 자연친화적 여행이다.

1854년, 미국은 서부지역에 거주하던 인디언 두아미쉬-수쿠아미쉬 족에게 그 부족이 전통적으로 살아 온 땅을 팔라고 제안했다. 다음은 추장 시애틀이 미국에게 보낸 대답이다.

"우리는 우리의 땅을 사겠다는 그대들의 제의를 고려해보겠다. 그러나 제의를 받아들일 경우 한 가지의 조건이 있다. 즉, 이 땅의 짐승들을 형제처럼 대해야 한다는 것이다.

나는 초원에서 썩어가고 있는 수많은 물소를 본 일이 있는데 모두 달리는 기차에서 백인들이 총으로 쏘고는 그대로 내버려 둔 것들이었다. 연기를 뿜어내는 철마가 우리는 오직 생존을 위해서만 죽이는 물소보다 어째서 더 중요한지를 모르는 것은 우리가 미개인이기 때문인지 모른다. 그러나 짐승들이 없는 세상에서 인간이란 무엇인가? 모든 짐승이 사라져 버린다면 인간은 영혼의 외로움으로 죽게 될 것이다. 짐승들에게 일어난 일은 인간에게도 일어나게 마련이다. 만물은 서로 맺어져 있기 때문이다.

그대들은 아이들에게 그들이 딛고 선 땅이 우리 조상의 뼈라는 것을 가르쳐야 한다. 그들이 땅을 존경할 수 있도록 그 땅이 우리 종족의 삶들로 충만해 있다고 말해주라. 우리가 우리 아이들에게 가르친 것을 그대들의 아이들에게도 가르치라. 땅은 우리 어머니라고."

지금 우리의 아이들에게도 이것을 가르쳐야 한다.

자연으로 들어가다

매달 아이의 손을 잡고 자연을 산책하는 이벤트를 가지면 어떨까? 자연 속에서 본 것들을 그저 막연히 머릿속에 넣어두는 것이 아니라 글로, 그림으로 남길 수 있다면 더욱 좋겠지? 느낌을 구체화 시켜주는 질문들을 던져준다면 아이는 더욱 확실하게 자연을 맛볼 수 있지 않을까? 일방적인 가르침이 아니라 있는 그대로의 아이를 마주 보고 마주 들어준다면 아이 안의 작은 씨앗이 움트는 소리가 들리지 않을까?

다양한 활동자료를 활용하여 막연하기만 한 생태교육에 한 걸음 더 다가가 보자!

열두달 생태이벤트 | 계절별 생명의 세계 | 생태일지 쓰기 | 자연체험 남기기 | 아이 어록 노트

해오름달[1월]

새해 아침에 힘 있게 오르는 달

시샘달[2월]

잎샘추위와 꽃샘추위가 있는
겨울의 끝 달

1~3월

꽃내음달[3월]

뫼와 들에 꽃내음이 만발한 달

잎새달[4월]

물오른 나무들이 저마다 잎 돋우는 달

4 ~ 6월

푸른달[5월]

마음이 푸른 모든 이의 달

누리달[6월]

온 누리에 생명의 소리가 가득 차는 달

7~9월

타오름달[8월]

하늘에서 해가 땅 위에서는
가슴이 타는 정열의 달

빗방울달[7월]

하늘이 빗방울을 잔뜩 머금은 달

거둠달[9월]

가지마다 열매 맺는 달

10~12월

※ 순우리말 달 이름 참조 : 녹색연합

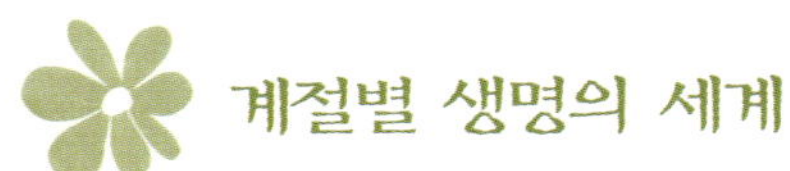

주제		봄	여름	가을	겨울
동물	올챙이	━	━		
	개구리	━	━	━	━
	달팽이	━	━	━	
	잠자리		━	━	
	개미	━	━	━	━
	메뚜기		━	━	
	무당벌레		━	━	
	매미		━	━	
	개(강아지)	━	━	━	━

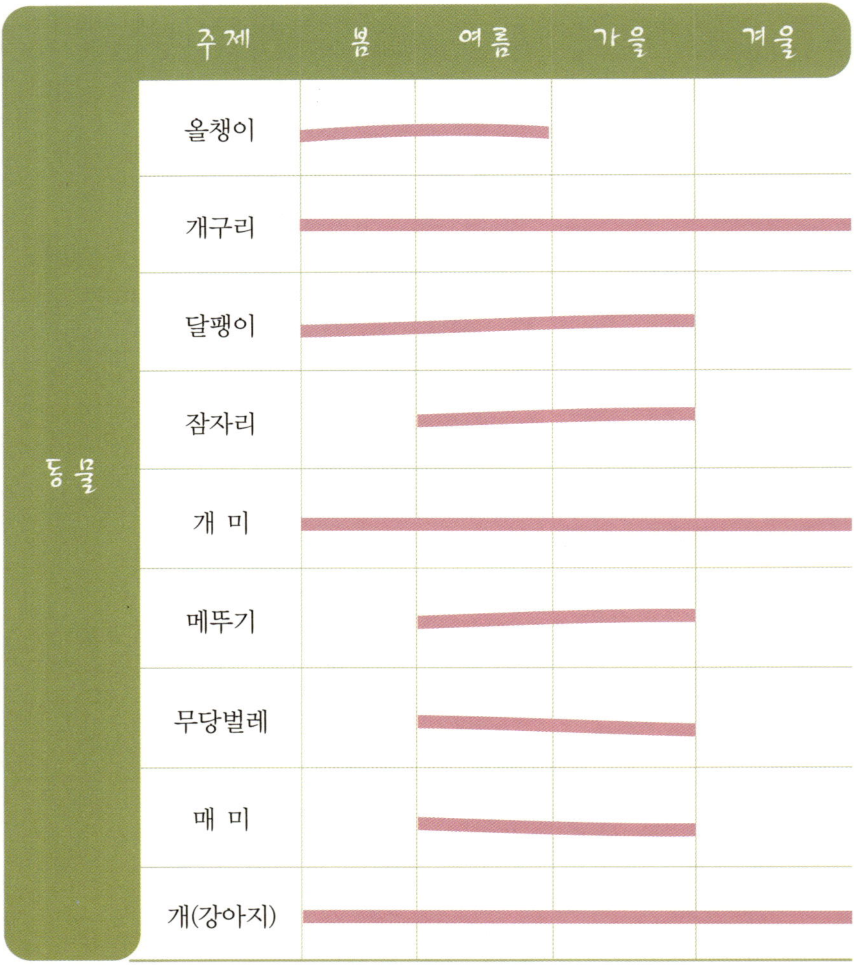

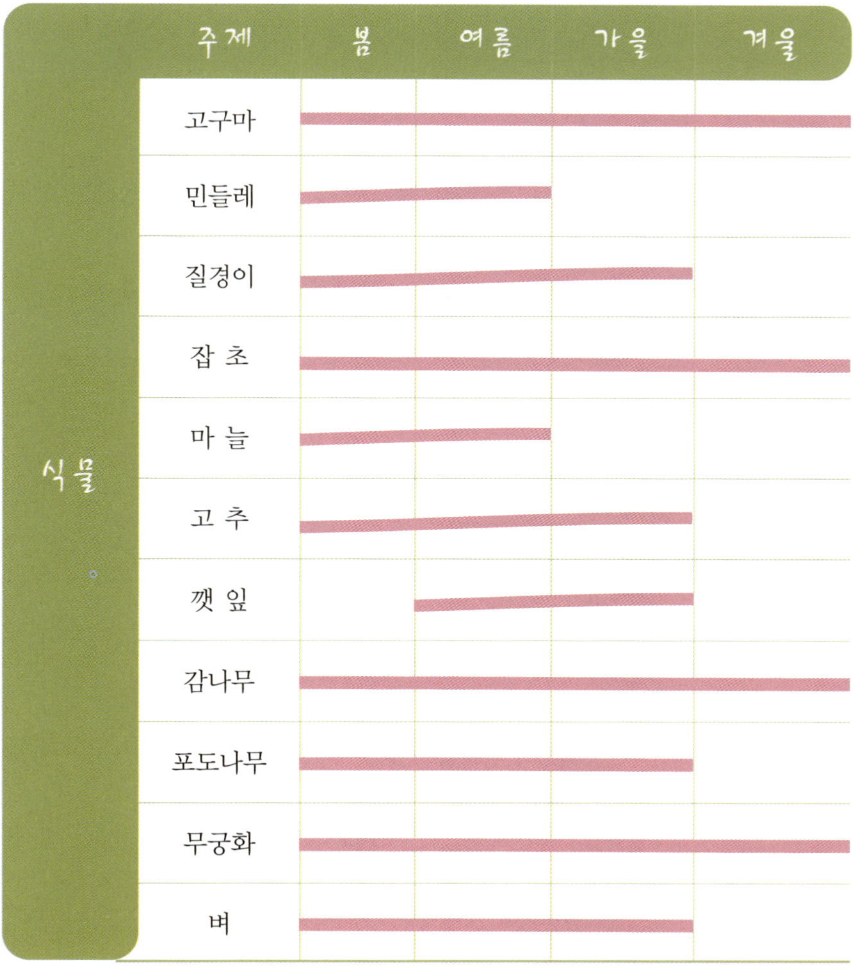

식물	주제	봄	여름	가을	겨울
	고구마				
	민들레				
	질경이				
	잡 초				
	마 늘				
	고 추				
	깻 잎				
	감나무				
	포도나무				
	무궁화				
	벼				

년   월   일

관찰대상 및 주제

새롭게 발견한 특징
(어제와 다른 오늘)

관찰한
동식물의 그림을
그려 보세요

관찰한 후 느낌이나 감상을 자유롭게 적어주세요.
관찰한 동식물에게 편지를 써보세요

관찰대상 및 주제

관찰한
동식물의 그림을
그려 보세요

새롭게 발견한 특징
(어제와 다른 오늘)

관찰한 후 느낌이나 감상을 자유롭게 적어주세요.
관찰한 동식물에게 편지를 써보세요

자연체험 남기기

※ 맨발로 밟아 본 길의 종류 비교 도표 만들기

- 같은 코스를 몇 차례 걷기 하는 과정에서 아이는 길의 특성을 표로 그려본다.
- 같은 코스라도 그 날의 날씨 여건에 따라 아이의 느낌과 표현이 달라질 수 있다.
  (햇빛에 뜨거워진 모래길, 그늘진 시멘트길, 빗물 웅덩이, 말라있는 황톳길, 논두렁 등)

월 일 시간 날씨		
밟은 길	특 성	느 낌
모 래		
진 흙		
돌다리		
시멘트		
논두렁		
자 갈		

* 기억나는 것 그리기

- 그림을 그리기 전에는 맨발걷기의 과정을 돌아보며 충분히 이야기 나눈다.
- 우리가 갔던 길을 생각해 보자(길의 종류와 특성)
- 길에서 무엇을 보았니?
- 맨발에 닿는 여러 가지의 느낌은 어땠니?(길, 돌, 풀, 물 등)

월   일   시간   날씨

맨발 걷기 후 표상하기

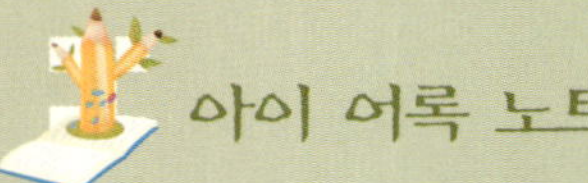

아이 어록 노트

 아이 어록 노트

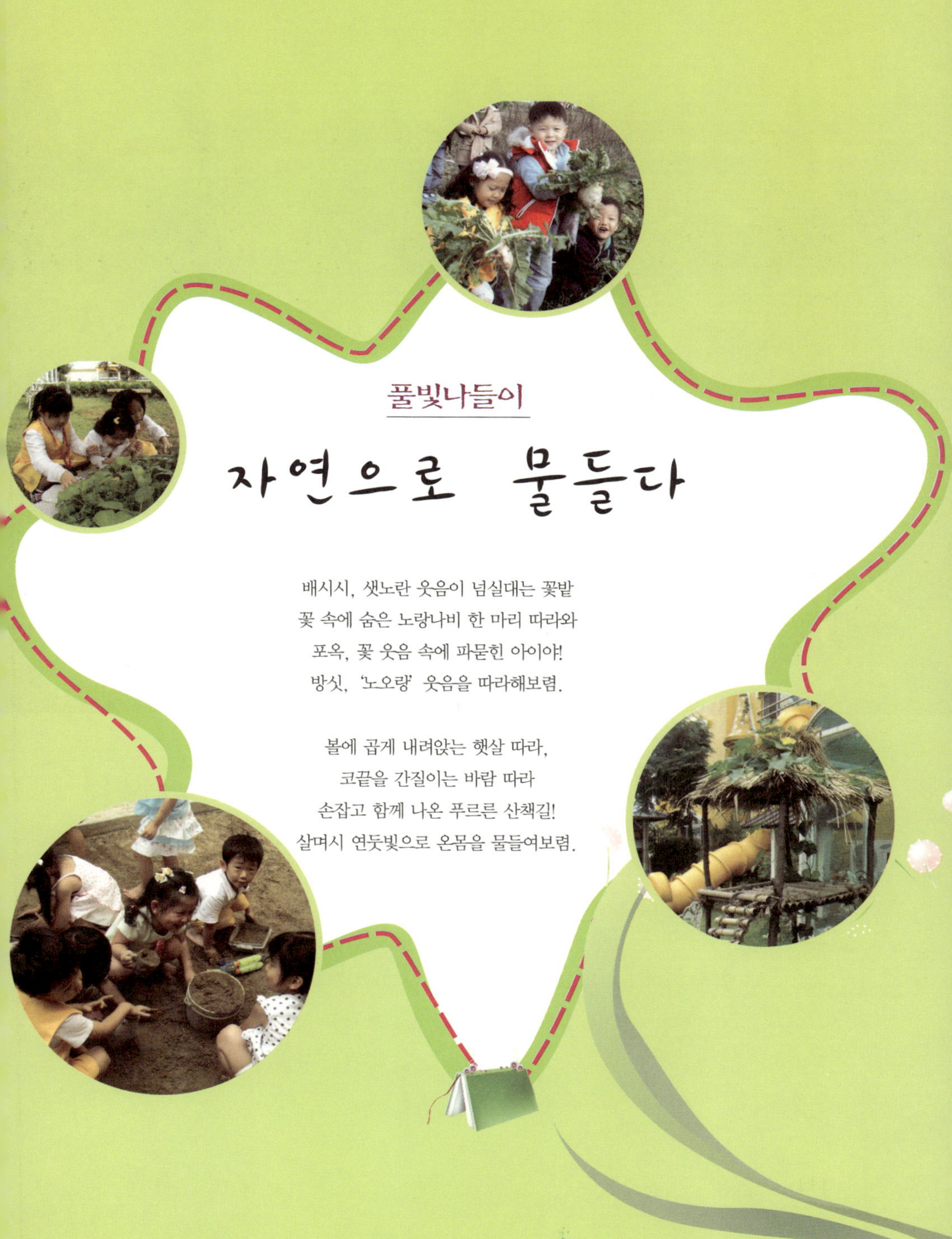

자연으로 물들다

배시시, 샛노란 웃음이 넘실대는 꽃밭
꽃 속에 숨은 노랑나비 한 마리 따라와
포옥, 꽃 웃음 속에 파묻힌 아이야!
방싯, '노오랑' 웃음을 따라해보렴.

볼에 곱게 내려앉는 햇살 따라,
코끝을 간질이는 바람 따라
손잡고 함께 나온 푸르른 산책길!
살며시 연둣빛으로 온몸을 물들여보렴.

리라 자연유치원

구름 한 점 없이 파란 하늘이 끝없이 이어진다.

온통 푸른 논이 펼쳐진 사이로 난 길을 따라 오솔길을 걷는 홍겨움으로 걷는다.

저 멀리 봄날의 개나리처럼 샛노란 모습이 눈에 들어온다.

리라 자연유치원, 흡사 마법의 성과 같은 모습이다.

설핏, 그 노란 성에서 명랑하고 초록 닮은 노래가 들린다.

맑은 아이들이 뛰고 노래하는 거기에 까르르 환한 웃음이 구르고 있다.

아이들 곁에서 아이들을 품어주고 다독이는 자연이 따스한 미소를 짓는다.

꿈만 같은 풍경, 그곳에 함께 한다.

174

원두막, 그 위에 수세미꽃이 활짝

마주보며 자라는 자귀나무 잎처럼

하얗게 뒤덮인 전경

등교하는 작은 숲길

봄

쑥의 향긋함에 취한 아이들은 봄볕에 녹은 땅을 파고 작은 나무 한 그루를 심는다. 봄에 시작한 기운이 사계절을 오롯이 지나 하늘을 덮는 거목이 되라고 작은 기도를 드린다.

영차영차! 겨울을 이겨내고 움트는 새싹에게 응원을 보내는 아이들. 모내기를 끝낸 논길을 따라 걸으면 곰실곰실, 발바닥을 간질이는 흙 때문에 아이들의 웃음소리가 그치지 않는다.

1. 하나하나 정성스럽게, 모를 심어요!
2. 맛있는 물 먹고 쑥쑥 자라렴.
3. 우리가 직접 심는 우리 나무예요.
4. 향긋한 쑥 냄새에 취하면서 쑥을 캐요.
5. 이거 봐요. 우리 다 맨발이에요!
6. 조심조심, 간질간질, 발바닥이 흙과 악수해요.
7. 무엇일까요? 눈을 크게 뜨고 살펴보아요.

여름

무더위는 물렀거라! 팬티 하나
만 걸치고 물과 함께 하는 아이
들은 천하무적이다. 파이프 사
이로 띄워놓은 초록빛 나뭇잎
배는 더위를 저 멀리로 띄워 보
낸다.
어김없이 찾아오는 여름손님
장마! 빨강우산, 파란우산, 노
랑우산이 나란히 걸어가는 모
습이 정겹다. 우산 속 아이들은
찰방찰방 빗물을 튀기며 무에
그리 신났는지 마냥 즐겁다.

1. 과자요? NO! 막 쪄낸 감자가 우리의 간식!
2. 빗방울과 손잡고 산책길에 나서요.
3. 물의 느낌에서 고마움까지, 확실한 체험학습.
4. 봉숭아꽃물처럼 자연이 스며들어요!
5. 마루에서 다함께 읽으니까 책읽기가 재미있어요.
6. 싱싱한 고구마순, 잘 뽑았지요?
7. 털털털, 헤헤헤, 엉덩이가 들썩들썩.

가을

바스락 까르르 깔깔, 자연이 건
네는 싱그러운 소리에 함께 귀
기울이며 낙엽 위를 구르는 아
이들은 낙엽의 웃음을 온 몸으
로 느낀다.
코끝으로 생명의 내음이 스치면
이내 노란 물결이 살랑거린다.
눈을 통해 마음으로 흘러들어
황금빛으로 뒤덮인 추억의 숲을
가꾼다. 가슴 가득 차오른 깊은
숨을 뱉어내는 아이들의 호흡이
어느 새 노랗게 여물어간다.

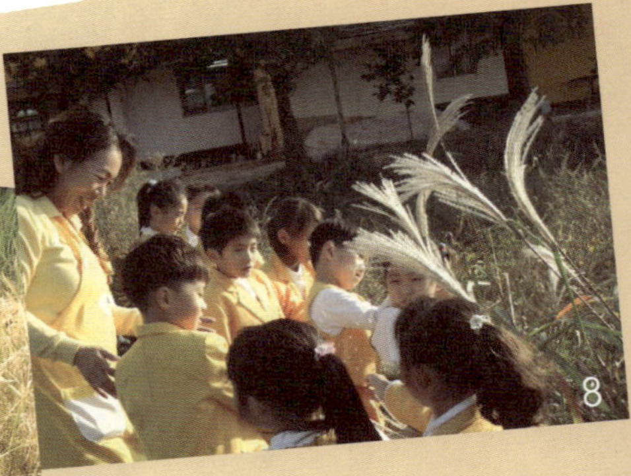

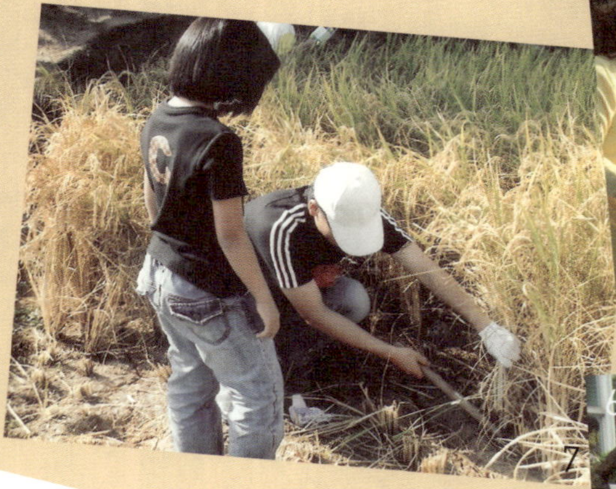

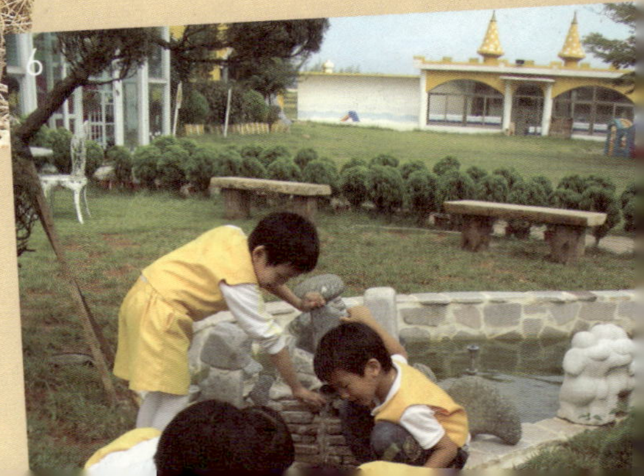

1. 나무 길을 따라 나무와 이야기하는 시간
2. 엄마아빠와 함께 고구마를 캐었어요.
3. 모래는 신나는 놀이도구랍니다.
4. 도토리 열매처럼 잔디 위를 데굴데굴!
5. 영차 영차, 하나 가득 무를 뽑아요.
6. 물길을 따라 흐르는 나뭇잎배는~
7. 노랗게 익어가는 벼와 함께……
8. 흔들리는 갈대 속에 숨은 가을바람 찾기

겨울

얼굴에 온통 검뎅이가 묻은 채
로 호호, 시린 입김 속으로 직
화구이 고구마의 달콤함이 녹아
든다. 비닐썰매로 눈밭을 누비
고 자신과 닮은 눈사람을 만드
는 아이들!
하얀 눈밭위에 마음 놓고 안기
는 아이들은 겨울의 차가움보다
는 겨울의 포근함은 먼저 배운
다. 추위에 질세라 뽀얀 숨을
내뱉으며 청명한 겨울 하늘까지
내달려본다.

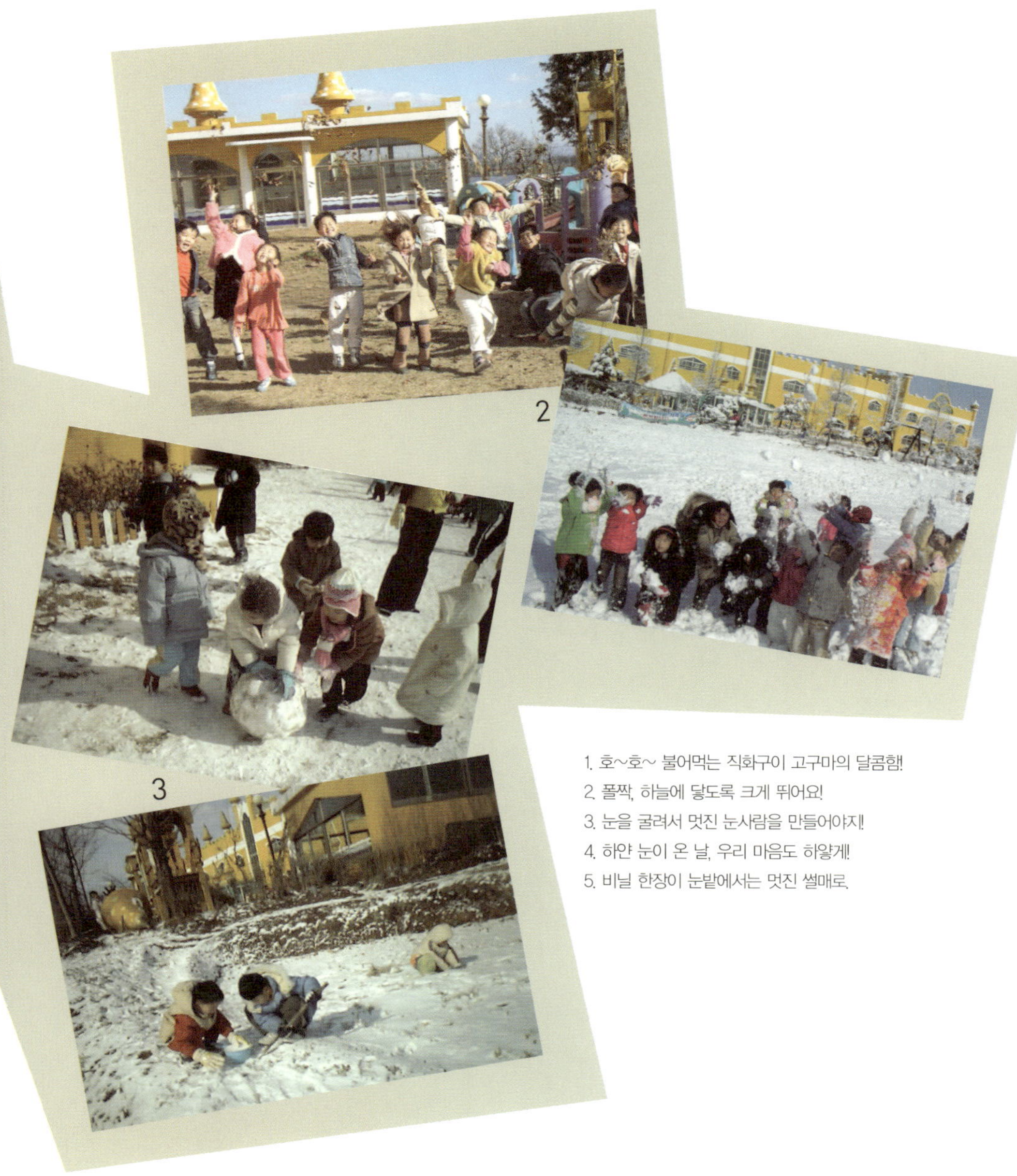

1. 호~호~ 불어먹는 직화구이 고구마의 달콤함!
2. 폴짝, 하늘에 닿도록 크게 뛰어요!
3. 눈을 굴려서 멋진 눈사람을 만들어야지!
4. 하얀 눈이 온 날, 우리 마음도 하얗게!
5. 비닐 한장이 눈밭에서는 멋진 썰매로.

셋.

함께하는 자연 이야기

시 한 줄을 장식하기 위하여 꿈을 꾼 것이 아니다.
내가 월든 호수에 사는 것보다 신과 천국에 더 가까이 갈 수는 없다.
나는 나의 호수의 돌 깔린 기슭이며 그 위를 스쳐가는 산들바람이다.
내 손바닥에는 호수의 물과 모래가 담겨 있으며,
호수의 가장 깊은 곳은 내 생각 드높은 곳에 떠 있다.
— 헨리 데이빗 소로우의 〈월든〉 중에서

걸음마다 스미는 자연을 꿈꾸며

"엄마야 누나야 강변 살자
뜰에는 반짝이는 금모래 빛
뒷문 밖에는 갈잎의 노래
엄마야 누나야 강변 살자"
김소월의 〈엄마야 누나야〉

학교 교문에 들어서면 가장 먼저 만나는 것이 뙤약볕에 후끈해진 운동장이었다. 말 그대로 허허벌판, 아무것도 없는 그곳은 삭막한 사막과 다름없었다. 물론, 많은 학생들의 체육수업 수용을 위한 불가피한 선택이었겠지만, 매번 아무것도 없는 학교 운동장을 볼 때면 우리 아이들도 저렇게 말라갈 것만 같아 마음 한 구석이 먹먹해지는 듯하다.

내가 꿈꾸는 학교는 건물과 운동장만 덩그러니 놓여 있는 그런 삭막한 공간이 아니다. 또한 내가 꿈꾸는 유치원은 대문을 열면 바로 차가 다니고 시끄러운 상가가 인접해있는 대로변이 아니었다. 숲길, 풀냄새, 아침이슬, 물길......, 그렇게 아이들이 촉촉하고 푸릇한 그 길을 걸으면서 어느 새 맑은 인성이 스미고 풋풋한 마음이 자라게 되는 것이다.

이번 여름, 그렇게 꿈꾸던 물길을 만들어주고자 유치원 앞뜰의 땅을 팠다. 처음에는 시커먼 진흙탕물이 흘러나왔다. 그러나 굴하지 않고 열심히 팠더니 다음날에는 맑은, 아주 정갈한 물줄기를 만날 수 있었다.

"와, 아이들이 보면 진짜 좋아하겠다!"

나도 모르게 탄성이 나왔다. 대문입구에서 시작한 물줄기가 계속 흘러서 다시 모이는 곳까지, 아이들이 물줄기를 계속 따라갈 수 있게 정성을 들였다. 나뭇잎배, 종이배를 접어서 띄어도 보고, 물장구도 한번 쳐보고, 자기들끼리 신나하며 물방울처럼 튀어오를 아이들의 웃음소리가 귓가에 들리는 듯 했다.

아이들이 모두 방학에 들어간 어느 여름날, 놀이동산이나 물놀이 계곡 여행의 유혹을 뿌리치고 나는 유치원에 나왔다. 아이들이 여름방학을 마치고 돌아오면 봄부터 싹틔우고 키워온 작은 텃밭의 행복을 느끼게 해주기 위해서는 텃밭을 지속적으로 잘 관리해주어야 하기 때문이다.

학습, 문자, 외국어공부......, 다 필요하겠지만 지금 인성이 자리 잡는 유아기만이라도 나무, 풀, 흙, 바람, 물 등의 자연이 그 어떤 교재교구보다 더 소중한 학습교재라는 것을 다년간의 경험으로 확신하기 때문이다.

"예쁜 옥수수야, 우리 아이들의 마음을 노랗게 물들여주렴."

"아이, 참 잘 자랐네. 애기들이 방학 보내고 와서 널 보면 정말 좋아하겠다."

아이들에게 이 한평의 텃밭이 그들의 마음세계를 만들어 가는 소중한 교재교구가 되어줄 것이라고 생각하니 그 관리를 소홀히 할 수 없었다. 열심히 풀을 뽑고, 세워주고, 해충도 제거해주고......, 그렇게 아이들 마음을 만진다는 생각으로 열심히 텃밭을 만져 주었다.

아직도 교실에 앉아서 하는 공부만을 원하는 부모들이 많지만, 사실 작은 텃밭이 더욱 많은 것을 아이들에게 전해준다. 작은 고추밭, 긴 옥수수밭 속에서 아이들은 생명을 보고, 땀의 의미를 배우고, 성장의 원리를 배운다. 지식에서 정서까지 어느 것 하나 놓치지 않고 가르치는 것이 바로 자연 속에서의 교육이다.

세상에서 하나밖에 없는 우산

"이제부터 나는 매끼 내 밥그릇의 절반을 덜어 놓고 먹기로 했다.
비록 너나 네 어려운 이웃들에게 그것을 직접 나눌 수는 없더라도
누가 너를 위해 늘 자기 몫의 절반을 나누고 있다는 것을 기억해라.
그 밥그릇의 절반만큼 한 마음이 언제고
너의 곁에 함께 하고 있음을 알고
앞으로의 어려움을 잘 이겨 나가도록 하여라."
이청준의 〈선생님의 밥그릇〉 중에서

얼마 전 유치원 행사에서 원장으로 아이들 앞에서 깜짝쇼를 했다. 반짝이는 스팽글 나비가면을 쓰고 딱 달라붙는 까만 제비꼬리 코트를 입고 마술쇼를 펼쳤다. 나는 아이들 앞에 서면 언제나 더 망가지고 더 유치해지고 더 바보 같아진다. 그저 여섯 살 우리 아이들과 어떻게 하면 더욱 친해질 수 있을까, 그 생각만 하면서 아이들 앞에 선다.

"마술사 바보 원장 선생님"

아이들이 웃음 가득한 얼굴로 나를 부르는 애칭이다. 바보여도 좋다. 아이들의 웃음은 그 바보를 사랑한다는 것을 거짓 없이 말해 주고 있기 때문이다.

유아교사라고 하면 무엇보다 아이들의 눈높이에 맞춘 교사여야 한다. 그래야 아이들의 소리가 들리고 손짓이 느껴진다. 아이들이 무엇을 원하는지, 무엇을 행복해 하는지……, 부모나 어른의 눈높이가 아닌 아이들의 마음 말이다.

아이들은 멋진 이론이나 화려한 경력에 움직이지 않는다. 자기와 같은 생각, 같은 마음, 같은 뜻으로 함께 웃어줄 수 있는 마음에 움직인다. 아이를 내려다보며 이리가라, 저리가라 지시하는 것이 아니라 조금 힘들더라도 무릎을 꿇고 아이의 손을 잡고 함께 달리다 넘어지고 뒹굴어 주는 행동에 기뻐한다.

아이들과 함께 뒹굴 때는 확실하게 뒹굴어주고 또 어른인 선생님으로 아이들을 보살필 때는 더없이 희생적이어야 한다.

얼마 전 아이들을 밖에 데리고 나가서 현장체험을 하는 날의 일이었다. 그날의 학습 주제는 아이들에게 엄청난 희열과 에너지를 만들어주는 '기차 타 보기'! 칙칙폭폭, 아이들과 함께 들뜬 기분으로 신나게 기차역을 향해 나아가는데 기차역을 얼마 앞에 두고 난관에 봉착했다. 갑자기 비가 쏟아진 것이다.

초등학생 이상이나 어른들 같으면 그 정도의 비는 잠깐 맞으면서 뛰어갈 수도 있겠지만 유치원생의 경우는 앞만 보고 달리다가 보도블록에 걸려서 넘어지는 사고가 있을 수도 있고 앞, 뒷사람 밀치다가 넘어질 수도 있고……, 모든 것이 사고로 연결될 수 있기에 무작정 뛸 수는 없었다.

"애들아, 너희들 신나는 거 해줄께. 세상에 단 하나밖에 없는 우산이야!"

아이들을 인솔하던 나와 다른 선생님들은 순간 망연했지만 이내 누구의 생각이었는지 들고 있던 야외용 돗자리를 아이들 머리 위로 활짝 펴주었다.

그속의 아이들은 너무 신기하고 재밌어하며 호기심과 행복한 모습으로 걸어갈 생각도 안하고 초롱초롱 눈을 빛내며 서 있었다. 지나가던 사람들이 힐끗힐끗 쳐다보고, 돗자리를 들고 있느라 우리는 비를 쫄딱 맞을 수밖에 없었지만 돗자리 속 안전한 우리 아이들의 모습을 보는 것만으로도 아이들보다 더 행복했다.

나는 멋들어진 프로그램이나 그 박사입네 하는 이들의 말뿐인 가르침보다는 오늘 길거리에서 비 맞고도 행복해하는, 촌스러운 인간냄새나는 우리 선생님들의 모습이 아이들에게 미래의 큰 꿈을 심어주리라 믿는다.

　"얘들아! 엄마 아빠가 믿고 맡겨주신 그 맘 이상으로 너희들을 사랑해! 너희들이 더욱 맑고 더욱 크게 웃을 수 있도록 다음엔 더 크고 더 행복한 돗자리 우산 펴줄께!"

마음속의 기다림

"왜 울지 않느냐구요?
이제는 알고 있는걸요.
나에게 꽃이 피기 전에도,
그 꽃이 피어난 뒤에도,
마침내 영원히 꽃을 잃은 뒤라 해도
내 이름은 언제나 태양꽃이라는 걸요."
한강의 〈내 이름은 태양꽃〉 중에서

'7년 묵은 쑥'이라는 이야기가 있다. 나는 그 이야기를 참 좋아해서 강의를 할 때나 주변 사람들에게 종종 그 이야기를 들려주곤 한다. 다음은 '7년 묵은 쑥' 이야기이다.

혼자 청년이 있었다. 그 청년에게는 아버님이 한분 계셨는데, 그만 병환으로 쓰러지셨다. 급히 의사를 불러오니, 의사가 말하길 7년 묵은 쑥을 구해오면 아버님을 살릴 수 있다고 하였다.

그 청년은 7년 묵은 쑥을 구하기 위해 봇짐을 메고 서둘러 집을 나섰다. 온 산하를 다 헤매며 7년 묵은 쑥을 찾아다녔다. 7년 묵은 쑥은 좀체 눈에 띄지 않았고 세월이 흘러 7년 후에야 집에 돌아올 수 있었다.

그런데 이게 웬걸? 집을 나설 때 담장 안에 있던 쑥이 자라 7년 묵은 쑥이 되어 청년을 기다리고 있었다.

다른 사람, 다른 곳에 대한 기대로 발걸음을 옮기듯 마음을 옮겨보지만 결국은 집안에서 기다리고 있는 쑥, 그 마음속의 기다림이 진실인 것이다. 우리는 너무 서두르면 놓치고 마는 것들이 많다는 것을 깨달아야 한다.

특히 교육은, 이곳저곳 마음을 옮겨보는 어른의 잘못된 판단으로 어린 나무의 뿌리가 땅에 내리지 못하게 된다. 아이 속에 살며시 얼굴을 내밀고 있는 작은 쑥의 존재를 발견할 줄 알아야 한다. 그것이 잘 자라도록 기다려주고 지켜봐주는 것이 필요하다. 아이 속 존재가치는 찾아 볼 생각도 하지 않은 채 아이의 손을 붙잡고 여기저기로 얼굴을 디밀다보면 자신도 지치고 아이도 지쳐 버린다.

기다림을 배우지 못한 부모들의 어리석은 조급증은 헛된 노력만을 되풀이하곤 한다. 내 아이가 미술의 천재였으면 좋겠고 음악의 영재였으면 좋겠고......, 그래서 미술학원에 집어넣고 음악학원에 던져 넣는다. 그 존재만으로도 반짝반짝 빛나는 아이를 더욱 빛나게 하려는 욕심은 그 반대의 결과를 가져오게 될 수 있다. 과유불급! 이야기 속 쑥이야 청년을 기다려 주었지만 이리저리 옮기다보면 아이 속의 쑥은 제대로 뿌리내리지도 못한 채 아예 소멸되어 버릴 수도 있다.

긴 안목을 가져야 한다.

다른 곳, 다른 사람, 그렇게 허공이 아닌 현재의 모습에 행복도, 정답도 있다. 봄비 맞으며 풀이파리는 제 힘으로 7년 묵은 쑥이 되어 언제나 이렇게, 시골집 담장 안에, 그 모습 그대로 자라날 것이다.

어머니와 고구마

"어머니가 두 팔을 벌려
돌아온 애기를 껴안으시면
꽃 뒤에 꽃들
별 뒤에 별들
번개 뒤에 번개들
바다의 밀물 다가오듯
그 품으로 모조리 밀려들어오고"
서정주의 〈어머니날에〉 중에서

나의 어린 시절의 기억은 대부분 가난으로 인한, 그 없는 서러움으로 가득하다

학교에 가고 싶어도 논, 밭, 식당일로 하루 품삯을 벌며 사시는 어머니 대신, 동생들을 돌보고 집안일을 해야 했기에 거의 가지 못했다. 그나마 비오는 날은 학교에 갈 수 있어 행복했었다.

한번은 이런 일도 있었다. 몇 학년 때던가, 내가 반장에 뽑혔었다. 식당에서 일하고 계신 어머니께 뛰어가 자랑하고픈 맘이 솟구치는데, 언젠가 어머니가 한 말이 떠올랐다.

"너, 당초 핵교에서 반장인가 머 그런 거 하라고 하면 절대로 하지 말어. 그런 거는 있는 집 애덜이나 하는 거여. 그거 하믄 갤석도 못하고, 핵교에 뭣도 한 번씩 사다줘야 하고......, 우리 형편에......, 알았지!"

어린 마음에 밤새 이불속에서 고민하던 나는 결국 다음날 담임선생님께 반장을 안 하겠다고 말씀드릴 수밖에 없었다.

"저 빈혈도 있고, 다리 관절염도 있고 해서 반장 같은 거 하면 운동장에 줄설 때랑 이런 때 젤 앞에 서 있어야 하는데......, 오래 못 서 있어서요. 그래서 제가 부반장 하면 안 될까요."

그리고 가을이 되었다. 지금 생각하니 추석 때 쯤이었지 싶다.

동네 아줌마들을 따라 다니며 밭에서 주인이 거둬들인 뒤 고구마의 이삭을 줍는 것이 방과 후 나의 또 다른 일과였다. 들판과 밭은 나에겐 풍부한 곳간이었고 그 속에서 제대로 괭이나 호미에 깎이지 않은 통째로 된 고구마라도 한두개 건지는 날은 그야말로 하루 종일 너무도 행복했다. 그것을 또 아까운 마음에 바로 먹지도 못하고 모아 두곤 했다. 아니 그것은 어머니의 습관이고 가르침이었다. 좋은 것이 생기면 잘 모아 두었다가 명절 때나 집안에 손님

오셨을 때 함께 나눠야 하는 법이라고.

그런데 어느 날, 어머니가 그렇게 모아둔 좋은 고구마 한 자루를 머리에 이셨다.

"앞장 서. 느그 선상님 집으로 가자. 좋은 거는 선상님 먼저 드리는 거시여......."

그렇게 선생님 집 대문 앞에 아껴가며 모아 둔 고구마를 내려놓으시며,

"네가 들고 들어가서 '고맙습니다!' 하고 드려. 좋은 걸로 애껴 둔 것잉께. 남들처럼 비싼 건 아니지만 이게 우리 집에선 젤로 좋은 거여."

그리고 총총 걸음으로 뒤돌아 가시는 어머니의 뒷모습을 보며 한없이 울먹였다. 비록 어린 나이었지만 애늙은이 소릴 들을 만큼 일찍 철이 들었기에 어머니의 깊은 뜻을 이해하고도 남았다. 가진 것은 없었지만 자식을 가르치는 선생님에 대한 존경과 존중을 담아 가장 귀하고 좋은 것으로 내어 드릴 줄 아는 마음......., 고구마 자루속의 빨간 밤고구마 위로 눈물이 한없이 흘렀다.

사실, 우리 어머니는 학교를 한번도 다니시지 못한, 문맹이셨다. 그래도 우리 어머니는 그 많이 배운 어떤 지식인보다도, 석사다 박사다 하는 그 어떤 학력자보다도 더 큰 지혜와 인성을 몸으로 실천하며 가르쳐 주신 분이다.

"어머니!

　당신은 비록 지친 삶으로, 그 어린 동생들 저에게 남겨두고 삼십여년 전 하늘나라로 가셨지요. 그러나 논과 밭, 그리고 고구마 한 자루로 보여주신 사람 됨됨이와 당신의 스승 존경의 발자국은 여전히 제 마음에 남아 있습니다. 어머니처럼 사람의 예의를 몸소 실천하며 아들을 우리 아이들을 가르치겠습니다. 어머니의 뒤를 열심히 따르겠습니다."

대추 한줌에 담긴 마음

"이제부터 이 꽃병은
영원히 빈 병이 아니야,
제제의 아름다운 마음의 꽃이
상상 속에서 항상 담겨 있을 테니까."
바스콘셀로스의 〈나의 라임 오렌지 나무〉 중에서

유치원 대문 옆의 대추나무에 대추가 탐스럽게 열렸다. 어찌나 주렁주렁 열렸는지 나무줄기가 휘어져 담장 밖으로 뻗어 나올 정도였다. 그렇게 탐스럽던 대추가 어느 날 갑자기 시들시들 말라버리며 푸석해져 버렸다. 내심 안타까워하고 있는데 한 아이의 아버지로부터 전화가 한통 걸려 왔다.

"저......, 유치원 초입의 대추나무에 대추가 다 익었나요? 아내가 지금 임신 중인데 혹시 그 대추가 아직 남았으면 아이 편에 보내주실 수는 없나요?

아이 엄마가 그 대추를 많이 먹고 싶어 하네요."

아이를 데리고 유치원에 들린 어느 날, 아직 익기도 전인 파릇한 대추를 몇 개 따서 맛을 보았던 모양이다. 만삭인 그 어머니는 유치원 대추를 찾는다는 것이었다.

"아이고, 어쩌지요? 그 대추가 갑자기 말라서 시들해지고 푸석거리는데......, 죄송해요. 아버님"

"아! 그럼 괜찮습니다. 시장에서 사다 줘야겠네요. 유치원 대추 맛만 하겠습니까만 어쩔 수 없지요."

아내가 유독 유치원 대추만을 찾는다며 아쉬워하는 목소리가 전화를 끊은 후에도 내내 귓가를 맴돌았다.

이틀 뒤 조카들과 시장을 보다가 유치원으로 차를 돌렸다. 대문 옆의 대추나무 말고도 수영장 쪽에도 대추나무가 한 그루 더 있다는 것이 생각난 것이다. 혹시 그 대추마저 시들었으면 어쩌나 하는 생각에 발길을 재촉했다.

"와!"

푸릇하고 탱탱하게 살짝 익어가는 대추가 한 가득이었다. 이 나무는 병들지 않고 건강하게 대추를 키워가고 있었다. 세상에 태어나서 이렇게 크고 탐스럽고 꿀 같은 대추는 처음이었다.

조카들과 함께 한 바구니 가까이 대추를 따면서 아이 어머니에게 대추를 보내줄 수 있다는 생각에 자꾸 웃음이 배어 나왔다. 뱃속의 아이를 생각해서 흠집 없이 예쁘게 생긴 녀석들로만 한 봉지를 골라냈다. 이왕이면 다홍치마라고 예쁜 포장지를 준비해서 담으니 마음이 가득한 멋진 선물이 되었다.

"아! 마음이 이렇게 즐겁고 흐뭇하고 보람되다니! 이게 바로 진짜 선물이지!"

그러는 가운데 한편으로 요즘의 풍토가 떠올랐다. 요새는 가격이 낮은 선물이나 순박함이 묻어나는 선물은 선물로 취급을 받지 못한다. 내가 직접 기른 대추라고 한줌 쥐어주어도 그 안에 깃든 정성과 마음을 제대로 읽어내는 사람들이 줄고 있다. 물질적인 가치가 선물의 경중을 결정하는 잣대가 되고 있는 것이다.

마음으로 기억했다가 정성으로 다듬어서 소중히 드리는 것!

이것이 진정한 선물이라는 것을 우리 아이들이 보고 배우기를....... 비싼 갈비나 과일 상자에 명함을 붙이지 않아도, 어릴 적 우리 어머니가 그러셨던 것처럼 순박한 선물이 정말 선물이라는 사실을 말이다.

내 어머니는 고구마 좋은 것으로 한바가지, 계란 한판, 숙주나물 한주먹, 막 짠 참기름 한병을 내손에 들려서 이웃집에 보내셨다. 어머니는 없는 살림이었지만 나눌 줄 아셨다. 그렇게 아름다운 정을, 사람 냄새나는 삶을 몸소 실천하셨다.

학부모에게 보낼 대추를 따서 포장하면서 줄 수 있다는 사실만으로 흐뭇해지는 내 자신을 보면서 그래도 '내가 어머니의 가르침을 잘 실천하고 있구나!' 하는 생각에 마음이 훈훈해졌다.

우리 아이들도 보고 배워서 대추 한줌, 고구마 한소쿠리 속에 담긴 마음을 읽을 줄 아는 아이들로 자라기를, 그래서 훗날 그런 사회를 다시 만들어 갈 수 있기를!

소중한 자람, 헛되지 않은 믿음

"그 속에
착한 행위와
신성한 사랑으로 된
그의 일생이 녹아 있었다.
마치 아름답고 순결한 진주가
그의 소중한 생명수에
녹아들어간 것 같이......."
나다니엘 호손의 〈큰 바위 얼굴〉 중에서

새벽같이 일어난 아들이 주섬주섬 나갈 준비를 한다.

"어디 가는데?"

"응, 아르바이트가 있어서......."

"그래, 잘 했다. 그런데 어디로?"

"응, 주유소!"

"저번에는 PC방이라면서......, 거기는 벌써 그만뒀어?"

“아니, 주유소 끝나면 바로 PC방으로 가야돼.”

“와, 우리 아들 대단하네! 두 군데나 해? 힘들지는 않아?”

“아니......, 힘든 건 아닌데. 내가 아르바이트 두 군데서 한다고 하면 남들이 엄마를 이상하게 볼까봐 좀 그러네.”

“아니야! 괜찮아. 군대 가기 전에 열개라도 해. 얼마든지 배우고 많이 경험하고.”

아버지를 하늘나라로 보내고 돌아오던 아들의 축 쳐진 어깨를 본 것이 벌써 3주, 맘을 추스르기에는 여전히 부족한 시간일 텐데 안쓰럽기도 하고 기특한 생각도 든다.

퇴근길.

마침 기름을 넣을 때가 된 터라 이왕이면 아들이 일한다는 주유소에 가자는 생각으로 핸들을 잡았다. 멀리 주유소 간판이 보이자 그냥 주유소 간판인데도 아들이 일한다는 생각에 가슴이 뛰었다. 뛰는 가슴을 추스를 새도 없이 차는 이미 주유소에 진입했고 멀끔한 청년 둘이 뛰어나오는 모습이 보였다. 그중 한 명이 아들 녀석이다!

“어서 오십......, 쇼......,오.”

인사를 하는가 싶더니 나를 발견한 아들의 말꼬리가 흐려지면서 순간, 얼굴이 홍당무처럼 달아오른다. 아들이 당황해서 서 있는 사이, 좀더 경력이 있어 보이는 다른 한명이 다가와서 능숙하게 말을 건넨다.

"네, 얼마 주유할까요?"

"7만원이요!"

하는데, 매상을 올려줘서 아들의 첫 출근을 응원 해볼까하는 생각에 다시 말을 바꾸었다.

"아니......, 가득 채워주세요."

그사이 아들은 운전석 옆에 오더니 그제야 반가이 아는 척을 한다.

"하이! 엄마 왜 왔어? 엄마 이왕 왔으니까 용돈 좀 줘라."

어마를 보더니 이내 7살짜리 어린애마냥 애교를 떤다.

"너 손님한테 용돈이라니......, 하하. 너 손님들 오시면 큰 소리로 '감사합니다! 어서 오십시오!', 이렇게 크게! 알았지? 신나게 해!"

"손님! 92,900원 주유했습니다."

아들과 이런저런 이야기를 주고받는 사이 주유가 끝나서 카드를 주었다. 체크하러 열심히 뛰어가는 아들을 보면서 '저런 거 긁을 줄이나 알까?' 하는 생각에 애잔해진다.

결국 경력 많아 보이는 다른 주유소 직원에게 아들 좀 잘 가르쳐 달라고 부탁하고 다음 모임 장소로 향했다.

두 시간 남짓.

모임이 끝났다. 그런데 차에 타면서 그때서야 카드용지를 보니 7만원이 계산되어 있는 것이 아닌가! 순간, 머리가 멍해지면서 두 가지 생각이 머릿속을 교차하기 시작했다.

'아니, 분명 92,900원이라고 형이 외쳤는데......, 그럼 나머지는? 그 형 몰래? 엄마라서 이 녀석이 일부러?'

'아니야 그럴 리 없어. 처음 내가 주유하려고 한 7만원 소리만 듣고 잘못 찍었을 거야?'

아주 작은 일이지만 엄청난 시험대 위에 서 있는 것처럼 마음이 떨렸다. 아들이 아닌 내 마음이 시험을 받고 있는 것 같았다. 거짓말하거나 남의 돈을 함부로 하는 아이로 키우지 않았다고 스스로를 믿고 아들을 믿으며 아들에게 전화를 걸었다.

"아들! 어디?"

"응, 주유소 끝나고 PC방."

"그런데, 왜 아까 7만원 찍었어? 카드......."

"응? 7만원? 7만원 주유 안 했어?"

"아니야. 다시 가득 채우라고 해서 92,900원 나왔는데......."

"그래? 어쩐지 계산이 좀 모자랐어. 엄마, 빨리 전화 끊어봐. 주유소 사장님한테 전화해주게”

아들과의 전화를 마치자 안도의 한숨이 절로 나왔다.

‘그러면 그렇지 실수한거였어. 첫날인데다 엄마차를 보는 순간부터 당황하고 정신이 없었구나, 그랬구나....... 우리아들! 아빠 몫까지 이렇게 착하게, 슬픔도 잊고 마음도 가다듬을 줄 아는 의젓한, 엄마보다 더 나은 아들! 고마워!’

믿었지만 그래도 잠시 불안해했던 마음이 미안해졌다.

그리고 다시 주유소 이름을 확인하고 114에 전화번호를 물어 주유소 사장님과 통화를 하며 아들을 부탁드렸다.

“저 오늘 처음 아르바이트 시작한......, 예, 아들이 계산 착오 있었다고 전화 왔었지요? 그런데......, 부탁이 있는데요.

우리 아들 큰소리로 자신감 있게 ‘어서 오십시오!, 감사합니다!’ 를 외칠 수 있게만 해주세요. 봉급이 얼마인가가 문제가 아니라 자기가 어디에 속해서 열심히 일한다는 긍지와 그리고 그 대가를 스스로 소중히 여길 수 있는 경험이 되게 말입니다.”

물자라와 물장군의 부성애

"나는 이제 나무에 기댈 줄 알게 되었다
나무에 기대어 흐느껴 울 줄 알게 되었다
나무의 그림자 속으로 천천히 걸어 들어가
나무의 그림자가 될 줄 알게 되었다
아버지가 왜 나무 그늘을 찾아
지게를 내려놓고 물끄러미
나를 쳐다보셨는지 알게 되었다"
정호승의 〈아버지의 나이〉 중에서

물자라라는 수생곤충이 있다. 암컷이 알을 나면 새끼들이 부화할 때까지 알들을 자신의 등에 업고 다니는 참 지극한 부성애의 대표 곤충이다. 최대 130개의 알을 등에 지고 틈틈이 온도와 습도조절을 위해 물위로 등을 내놓는 등 알을 3주간이나 보살핀다.

물장군도 암컷이 풀잎위에 알을 낳아 놓으면 알이 부화하기까지 적당한 습도를 맞춰주기 위해 주둥이로 수분을 공급해주고, 천적으로부터 보호하기 위해 때로는 온몸으로 알들을 덮는 게 물자라 수컷에 못지않다.

아이들에게 아버지의 존재가 희미해지고 있는 요즘, 차라리 물자라와 물장군의 눈에 보이는 아버지로의 역할이 부러운 아버지들이 많아지고 있다. 아이를 사랑하지 않는 아버지가 어디 있겠냐마는 그 사랑이라는 것을 드러내기가 여간 어려운 일이 아니다. 옛날의 아버지들은 그저 아무 말 없이 무게중심만 잡아주는 기둥과 같은 존재였다. 그것이 아버지의 역할이었고, 그 시대는 그것만으로도 충분했다.

그러나 시대가 바뀌면서 아버지의 역할과 자리도 변화했다. 묵묵히 뒷짐만 지고 있는 것은 이제 '무게를 잡아주는 것'이 아니라 '손을 놓아 버리는 일'에 다름 아니다. 아버지라는 이름의 무게는 130개 알의 무게를 오롯이 견디는 힘이다. 표현하지 않는 아버지는 아이를 키우는 부모의 무게를 아직도 실감하지 못하고 있는 것이다.

디자인 분야에서 활약하고 있는 하마노씨(하마노 상품 연구소장)가 아내와 두 아들(6세, 4세)을 데리고 자동차로 북미 대륙을 횡단하는 여행에 도전했다. 사업이 활황을 맞아 바쁘기 그지없는 하마노씨가 어째서 꼬박 4년이나 준비를 하여 석 달에 걸친 대장정을 실현했는지 흥미로웠다.

　그 여행에는 두 가지 목적이 있었다고 한다. 한 가지는 20년간 사업에 쫓겨 소진할 대로 소진한 에너지를 재충전하고 새로운 발상을 위하여 심신의 재생을 꾀하는 것. 다른 한 가지는 두 아들에게 북미의 대자연을 체험하게 하는 동시에 함께 야외 생활을 하면서 아버지의 존재를 증명하고 싶었고, 대자연 속에서 아버지란 과연 의지할 만한 존재인지, 아이들 앞에서 증명하고 싶었다는 것이었다.

　이 계획의 원점에는 하마노씨 자신이 낚시를 좋아하는 아버지를 따라 야산 계곡을 헤매 다녔던 경험과 그런 아버지한테서 받은 유형무형의 영향과 유산을 이번에는 자기 아들에게 물려줄 차례라는 마음이 있었다. 아버지로서, 그리고 한 남자로서 자연과 마주하는 자세를 아들에게 보여주는 한편 그들의 감각을 일상으로부터 해방시켜 인식의 확대를 유도하는 일이야말로 현대의 아버지들에게 부족한 중요한 역할이다.

　이는 아버지 교육의 선두주자인 일본의 아오키마사미츠가 감동을 받았다고 소개한 한 신문기사이다.

　아버지로서 지금까지 내 아이에게 가르쳐 준 것이 무엇인지 한번 점검해봐야 한다. "바쁘다!"는 말을 입에 달고 그저 아이들 교육을 유치원이나 학교와 같은 교육기관에만 맡겨 두고 있지는 않는가. 교육기관에서 가르치는 것이 따로 있고 부모가 가르쳐야 하는 것이 따로 있다.

　지금, 우리 아버지들은 대자연속에서 아이들에게 믿을만한 존재로 서 있을까?

아이에게 주는 진짜 선물

"어른들은 숫자를 좋아한다.
어른들에게 새로 사귄 친구 이야기를 하면
그분들은 제일 중요한 것은 도무지 묻지 않는다."
생텍쥐페리의 〈어린왕자〉 중에서

"개구리 올챙이 적 생각을 못한다."라는 말이 있다. 분명 누구나 아이의 시기를 거쳤을 터인데도 어른이 되는 순간, 약속이라도 한 듯 아이였을 때의 사고와 마음을 잊어버린다. 개구리의 모습에서 올챙이의 흔적을 전혀 찾을 수 없듯이 어른에게서 아이들의 순수함을 찾기란 여간해서 어려운 일이 아니다. 〈어린왕자〉에 나오는, "그 애 아버지가 얼마를 버니?"에 관심을 쏟으며 겉치레만 중시하는 어른들의 모습이 되어버리는 것이다. 씁쓸한 일이 아닐 수 없다.

그러나 더욱 씁쓸한 것은 아이들마저 '보여 지는 것, 보여 주는 것'에 연연한다는 것이다. 입성으로 친구를 가리고 누구 물건이 더 비싼지 경쟁을 하는 등 아이 때부터 가치기준의 중심에 물질이 들어앉아 있는 것을 보는 것만큼 마음 아픈 일은 없다. 생일, 명절 등 때때마다 아이들에게 새 옷, 새 가방, 새 신발 등이 넘쳐난다. 물론, 그 속에는 내 아이를 좀 더 예쁘고 풍족하게 키우고 싶은 진심어린 애정이 들어 있음을 안다. 그러나 한계를 넘는 가격은 때때로 그 애정을 가리고 가시적인 것만 중요하게 여기는 아이들을 만드는 잘못된 결과를 낳게 된다.

나는 종종 지인분들에게 자연과의 관계를 통해 인간관계를 배울 수 있는, 아이들 그림책을 선물하기도 한다. 그러면 그 선물을 받은 분들은 어김없이 전화를 한다.

"김 교수, 소포가 잘못 왔나보네. 무슨 아이들 그림책이......."

"네, 그 책 제대로 간 거 맞습니다. 다 읽는데 2분정도밖에 안 걸리니까 오후에 시간 내서 한번 읽어 보세요."

그렇게 잠깐이지만 그분들이 그림책을 통해 자연과 나, 그리고 자기의 인간관계를 느낄 수 있는 여유를 가졌으면 하는 것이다.

어른은 아이의 역할모델이 되어야 한다. 어른들이 제대로 된 가치관을 물려주지 않으면 아이들은 올바른 삶을 살아갈 수 없다, 건강한 아이들의 미래는 건강한 어른들이 그 기반을 마련해주어야 한다.

나는 자녀를 키우는 엄마로, 나아가 교육자로 내 아이가 주위를 둘러보고 배려하며, 어려운 이들을 돌아보는 사람으로 컸으면 하는 소망이 있다. 그것은 말로 가르친다고 되는 것이 아니다. 직접 보면서, 직접 행하면서, 느끼고 이해하고 몸으로 자연스럽게 익히는 것이기에 매번 명절 때가 되면 나는 아들과 함께 가까운 고아원이나 영아원 등을 찾곤 한다.

"엄마, 이번에도 어디 가야지?"

그래서 명절이 다가오면 이제는 아들이 알아서 묻고 미리 준비를 한다.

"음 , 이번엔 전에 갔던 영아원에 가자. 저번에 아이들과 함께 울었던 곳 기억하지? 엄마는 이번에도 태워다만 준다. 안에는 너희들끼리 갔다 와."

처음에는 눈에 보여 지는 상자나 선물 꾸러미를 명함과 함께 전달하는 전시행동을 경계하기 위해 누가 다녀갔는지 모르게 살짝 사무실 앞에 놓고 오도록 했었다. 그러다가 언젠가 자신의 용돈을 합해서 자발적으로 참여하는 아들을 보면서 이제는 들어가서 직접 아이들을 만나고 오게 한다. 아이들에게 놀잇감을 만들어 주고 크리스마스에는 산타옷을 입고 가서 안아도 주고…….

설빔이나 추석빔의 의미가 그저 메이커 운동화, 브랜드 옷을 공짜로 얻는 것으로 퇴색되어가는 요즈음, 아들에게 새 옷 한벌 사주는 것 보다 이것이 더 값진 선물이라고 생각한다. 이렇게 남을 도와주고 챙겨주는 배려의 마음이 훗날 아들의 인성에 고스란히 스며들 것이다. 그래서 우리아들이 어른이 되었을 땐, 부족한 이 엄마보다 더 큰 그릇, 더 따뜻한 마음, 더 많은 손길로 주변을 안아줄 수 있을 것이다.

난 물질적으로 부유하지 못해서 물려줄게 없다 생각했었다. 그러나 돌아보니 사실은 이렇게 물려줄 재산이 많음에 감사한다. 무더위를 식히는 서늘한 가을바람을 느낄 수 있는 마음을, 명절의 설렘을 순수하게 맛볼 수 있는 가슴을, 주변을 돌아보는 넉넉함으로 작은 것으로라도 섬길 수 있는 따뜻함을 물려줄 수 있어서 행복하다.

자연이 가르쳐 준 리더십

"태양과 보조를 맞추어
탄력 있고 힘찬 생각을 유지하는 사람에게
하루는 언제까지나 아침이다."
헨리 데이빗 소로우는 〈월든〉 중에서

아이들의 생태교육이 내 주 업무다 보니 자연스럽게 자연 속에서 지내는 일이 많다. 당연히 자연의 모습을 더 많이 보게 되고, 자연의 소리를 더 많이 듣게 된다. 이 단풍잎 하나에서 아이들은 무엇을 발견할까, 저 새소리를 귀담아 들을 수 있게 될까, 오늘은 논을 봤으니 내일은 개울가로 가볼까.

그러는 사이 자연과 더욱 친해지게 되면서 자연의 면면들을 더 자세히 알게 되었다. 처음에는 아이들에게만 포커스가 맞추어졌지만, 어느 새 나 자신도 자연에게서 배우는 것이 많다는 것을 알게 되었다.

최근 들어 성공학, 처세술, 리더십, 경영학 분야의 책들이 쏟아져 나오고 리더가 되는 방법이나 성공을 위한 길 등이 각광을 받고 있다. 새벽을 깨우는 사람이 되어야 한다, 발상의 전환을 해야 한다, 배려가 우선이다 등등 이런저런 이야기에 초점을 맞추고 있지만 가만히 생각해보니 그것들은 모두 자연의 모습이었다.

봄이면 따스한 햇볕에 꽃과 나무가 몸을 푼다. 겨우내 잔뜩 움츠렸던 사람들의 몸과 마음에도 햇살의 따스함이 스미는 시간, 나들이에 나서는 사람들은 어제와 다른 자연의 '변화' 에 놀라움을 느끼곤 한다.

21세기 최고의 리더십은 변화를 즐기는 법을 가르쳐 주는 것이라 했다. 변화는 더 나은 미래를 향한 첫 걸음이다. 변화를 두려워해서는 결코 앞으로 나아갈 수 없다. 그렇다면 늘 변화를 이루는 자연은 우리에게 가장 멋진 변화의 방법을 가르쳐 주는 스승이다. 자연의 변화는 그래서 우리에게 많은 것을 시사한다. 언제 그런 준비를 했을까 싶게 자연은 매번 새로운 모습으로 우리 앞에 선다. 자연에게 있어서는 매 순간이 기다림이고 동시에 변화의 시간인 것이다.

나무는 낙엽을 두려워하지 않고 애벌레는 딱딱한 번데기로의 시간을 망설이지 않는다. 그것은 겨울나무로의 변화이며 동시에 봄에 움틀 눈을 준비하는 기다림이기 때문이다. 아이를 탈피하는 성장의 과정이며 완벽한 성충으로의 준비기간이기 때문이다. 그렇게 자연은 끊임없이 움직이고 끊임없이 기다린다. 그래서 작년과 다름없는 봄, 여름, 가을, 겨울인데도 같은 장소, 같은 나무, 같은 가지에서 움트는 꽃눈인데도 늘 새로운 감동을 동반한다.

마하트마 간디는 "자기 자신을 먼저 변화시켜라!"라고 말했다. 세상의 개혁을 원한다면 우리 안에서의 변화가 선행되어야 한다. 나무 한 그루, 나비 한 마리가 스스로 준비하여 과감히 변화했을 때 우리는 겨울이라는, 봄이라는 하나의 변화된 세상을 목도할 수 있다.

우리 안에도 스스로를 겸비하여 새로움에 이르는 변화가 있어야 한다. 늘 변화하지만 타락하지는 않는 자연처럼 변화와 변질을 분간할 줄 아는 지혜도 더불어 필요하다.

어느 날 한창 수업중일 시간에 유리창 너머로 살짝 고개를 숙이고 현관 입구로 걸어가는 아이가 보였다. 순간, "어! 어디 가니?"라고 하려는데 아이가 진지한 표정으로 나를 압도했다.

"쉬잇!"

아이의 오무라진 입술을 따라 내 입술도 동시에......,

"응, 알았어! 쉿!"

그리곤 아이를 따라 현관을 나와 화단 한켠으로 조용조용 걸어갔다. 아이는 익숙한 솜씨로 벽돌 한 장을 들어 보였다.

"자! 봐요. 여기가 개미왕국이에요, 개미나라! 내가 제일 먼저 발견했어요!"

"우와!"

아이가 자랑스레 보여준 개미의 왕국에 탄성을 터뜨리면서 가슴이 뭉클해지는 것 같았다.

'그랬구나. 지난 번 개미수업 때 봤었던 그 땅속의 개미들의 움직임이 네 가슴 속에 이렇게 살아 있었구나. 그걸 또 확인하고 싶었고, 또 그 순간의 희열과 기쁨을 느끼고 있는 네 얼굴이 곧 행복이구나.

원장이라고 지레짐작해서 "왜 교실에서 나왔니?, 너희 선생님은 안 계시니?, 빨리 들어가!"라고 다그치지 않아서......, 네 자연관찰을 통제하고 방해하지 않아서 정말 다행이구나.'

그 어떤 통제나 리더십도 이렇게 자연을 닮아가는 아이들에게 다시 배워야겠다. 아이들이 끄는 힘, 원장까지도 이끄는 힘, 그 힘이 바로 자연이었다.

치유의 숲

우리 유치원 아이들을 보면 자연에서 신나게 뛰어놀며 자란 덕인지 병치레가 거의 없다. 한여름 무더위도 겨울의 추위도 너끈히 이겨내는 아이들을 보면 '그렇지, 자연의 정기를 바라고 자라니 아니 튼튼해질 수 없지.' 하는 생각에 마음이 든든해진다.

자연을 느낄 수 있는 대표적인 장소 숲, 그곳을 생각하면 넉넉함으로 푸근하게 감싸주는 어머니의 가슴이 떠오른다. 때론 아픈 배를 부드럽게 어루만져주는 어머니의 따스한 손길을 느끼기도 한다. 숲은 기분을 싱그럽게 해주고 몸의 기운을 북돋아준다. 풋풋한 풀냄새가 코를 스치며 마음을 부드럽게 감싸 안는다. 발에 닿은 흙이 곰실거리며 인사를 건넨다. 서로 맞잡은 손에서 따스함이 솟아난다. 까르르, 아무 걱정도 없이 엄마 품에서 마냥 평안한 아이의 웃음을 되찾는다. 숲이 나누어주는 행복이다.

숲이라는 단어의 울림이 입안을 가득 채우면 마음은 깊은 떨림을 간직한다. 그것을 우리는 '희망' 이라 부른다. 우리는 마음이 갑갑할 때면 숲과 들판으로 나간다. 햇살마저 초록으로 물들이는 숲에서 사람들은 위로를 얻고 평안을 느끼며 넉넉함을 배운다.

'쉼', '여유' 라는 단어는 언제나 '자연' 을 그 밑바탕에 깔고 있다. 편한 기계문명 속에 살면서도 사람들은 늘 푸른 하늘을 산을 바라보며, 풀썩대는 흙먼지와 질척이는 흙덩이가 싫어 스스로 콘크리트의 편리함을 택했건만 그럼에도 가끔씩 발바닥 가득 흙의 곰실거림을 느끼고 싶어 안달이 나곤 하는 것이다. 어찌 보면 우리는 숲을 떠나서는, 즉 자연을 떠나서는 살 수 없는 존재들이다. 그러나 우리는 도시문명의 발달에 따라 숲을 떠나 숲과 괴리된 채 생활하면서 현대의 온갖 질병에 시달리고 있다. 그 옛날 숲과 함께 진화해오던 건강을 기억해야 한다.

그러면 이미 도시 속에 파묻힌 우리는 어떻게 숲을 이용하여 그 삶을 되찾을 수 있을까. 이는 온종일 사각빌딩에 갇혀 있는 도시인들에게는 더없이 절박한 질문이다. 아쉬운 대로, 집 근처 공원이나 숲에서 자신만의 나무를 찾아 자주 방문하거나 일터나 집에서 화분을 키워보자. 점차적으로 숲 관련 단체에서의 활동이나 임대 텃밭 가꾸기 등의 활동으로 행동반경을 넓혀 나갈 수 있다.

숲은 자신을 잃고 살아가는 현대인들이 발가벗은 자신과 만나는 자연지역이고 운동량이 적은 현대인들을 육체적으로 활동시키며 정신적인 스트레스를 풀어주는 재활병원이다. 또한 숲은 현대인들의 무뎌진 오감도 되살려 삶의 참맛을 일깨우기도 한다. 더 나아가 숲이 자신과 하나 되는 환상 속에서 일상의 피로와 긴장을 날려버리는 성스러움도 지니고 있다.

숲은 온통 회색으로 둘러싸인 도시에서의 각박한 마음을 버리고 서로를 인정하고 끌어안을 수 있는 곳이다. 희망으로 닫힌 마음을 열고, 삶의 상처를 아무 말 없이 품어준다. 뽕나무 열매인 오디를 따먹으며 한 마리 사슴처럼 자연과 관계를 맺어도 보고 맨발로 흙길을 거닐며 발을 간질이며 호흡하는 생명을 느껴보라. 입으로, 피부로, 그렇게 온 감각이 열리면 어느 새 물을 푸르게 만드는 물푸레나무처럼 마음 한 구석에서 푸른 희망이 샘솟는 것을 느끼며 숲과 하나가 될 것이다.

〈숲이 주는 위로, 몸과 마음을 보듬는 숲〉

● 숲은 조용하다. 서두르지 않기에 빠른 변화에 휩쓸리지 않아도 되니 평안하다. 그 속에서 느긋하게 자연을 이해하고 자연과의 친화를 도모한다.

● 병원에서 창을 통해 숲을 보는 것만으로도 환자의 회복기간은 빨라진다. 치유의 손길로 다가오는 숲에서 질병의 치유 또는 예방의 효과 등을 맛본다.

● 오감으로 다가오는 숲을 통해 주변에 대한 감수성이 예민해진다. 아이들 속에 있는 감각과 지각능력을 끌어내준다.

● 숲 체험활동은 자신감과 평온함, 조용함, 자제력, 창의력을 향상시킨다. 더불어 공격행동, 위축행동, 과잉행동, 우울감을 감소시킨다.

● 숲속 산책을 통해 소·대근육 운동, 균형감, 민첩성, 감각자극에 대한 반응, 지구력, 손의 소근육 운동능력 등 신체능력이 향상된다. 이는 운동 및 협응능력 발달의 지체와 퇴화를 막아주는 효과를 지닌다.

생명을 대하는 자세

"강물은 살쾡이를 정글 깊숙한 곳으로 백인들의 더러운 손이 결코 닿지 않을 땅으로,
아마존 강이 합류하는 곳으로, 비열하고 해로운 것들이 절대 손댈 수 없도록
비수처럼 날카로운 돌들이 그를 갈기갈기 찢어 놓는 일을 맡게 될 여울로 실어갔다."
루이스 세풀베다의 〈연애소설을 읽는 노인〉 중에서

"올 여름 무더위로 인한 기온상승이 사상 최고치를 기록했습니다."

"교토의정서에 따른 이산화탄소 배출권에 대한 준비를 철저히 해야 합니다."

"일명 로드킬이라고 불리는 고속도로에서의 동물죽음이 늘어나고 있습니다."

우리가 자연에 가한 많은 압력들이 부메랑이 되어 돌아오는 지금의 상황을
바라보고 있자면, 공존과 조화의 의미를 깨닫지 못한 삶이 얼마나 먹먹할 수
있는가하는 생각이 들곤 한다. 편리함이라는 문명의 혜택에 매료된 우리는
자연과 생명의 간과라는 엄청난 과오를 저질렀다.

"꼭꼭 숨어라, 머리카락 보인다. 꼭꼭 숨어라, 옷자락이 보인다. 꼭꼭 숨어라, 꼭꼭 숨어라. 텃밭에도 안 된다, 상추씨앗 밟는다. 꽃밭에도 안 된다, 꽃모종을 밟는다. 울타리도 안 된다, 호박순을 밟는다. 꼭꼭 숨어라, 꼭꼭 숨어라."

언제부턴가 산에, 바다에, 계곡에 숨바꼭질 노래가 퍼지기 시작했다. 우리의 무분별함은 자연의 숨바꼭질을 부추긴다. 끊임없이 숨으라고 꼭꼭 숨으라고 숨바꼭질 노래를 읊조린다. 끊임없이 울려대는 노래 소리에 산에서, 바다에서, 계곡에서 동물들이, 식물들이 자꾸만 모습을 감춘다.

우리는 늘 공존과 조화를 말하지만 그것의 실천에 있어서는 다른 어떤 것보다 더딘 것 같다. 표피적인 앎을 경계해야 한다. 문명에 대한 표면적인 인식이 인간 우월주의나 인간 중심주의로 왜곡되었을 때, 너무나 손쉽게 다른 생명들에 대한 무차별적 파괴를 야기할 수 있다. 자연을 대하는 왜곡된 자세부터 과감히 버려야 한다. 문명이 인간에게 힘을 부여하여 자연의 섭리를 따르지 않아도 되는 특권을 부여하였다는 생각, 그래서 자연의 이치를 존중하는 모든 생명들을 야만으로 치부해 버리는 편협함을 탈피해야 한다.

자연 속에서 모든 존재는 서로 유대관계를 맺고 있다. 납줄갱이와 중고기 무리는 조개와 어울려 살아간다. 이 두 무리의 물고기와 조개는 서로 산란 시기가 일치한다. 그래서 물고기는 조개껍데기 안에, 조개는 물고기의 비늘에 서로의 알을 낳는다. 서로의 어린 생명들을 본의 아니게 서로가 보살펴 주는 것이다. 또한 맑은 개울물에 사는 다슬기가 있어야만 반딧불이의 불이 꺼지지 않는다. 자연은 이렇게 어울림의 아름다움으로 가득하다. 인간도 그 생태계의 일부분이다. 이제부터라도 있는 그대로의 생명, 여러 양상으로 나타나는 생명 그대로를 존중해야 한다. 우리 아이들에게 자신 있게 '존중'의 의미를, '관용'의 중요함을, '희생'의 가치를 가르치기 위해서는 생명을 대하는 우리의 자세부터 바꾸어야 한다.

"쓰레기를 함부로 버리지 말라."고 하면서 손에 들고 있던 껌 종이를 거리에 던지는 행위는 말의 껍데기일 뿐이다. 껍데기만으로는 아이들을 가르칠 수 없다. 진정한 말이 가지는 힘을 확인하는 일은 중요하다. 문자가 없어서 말을 중시했던 칠레 마푸체 인디오들은 자신이 이름 붙인 모든 사물에 존재의 근거를 주었고 존재이유를 설명하였다고 한다. 현재를 살아가고 있는 우리는 우리가 이름붙인 생명들의 존재에 대해 어느 만큼이나 숙고하고 있는가. 인간의 관점에서 붙여진 이름들을 그저 묵묵히 받아들인 생명들에 대해 우리는 방치하거나 소유욕을 드러내기에만 급급하지는 않은지.

작은 아이들의 세계에 다양하고 아름다운 자연, 그 귀한 생명의 세계로의 길을 열어주자. 생명을 대하는 자세를 올바로 배운 미래에 우리 아이들이 만들게 될, 생생한 생명이 한 가득인 지구를 기대해 보는 것도 좋지 않을까.

아이들에게 자연을

"다음 세기
혹은 그 다음 세기에
계곡이, 목장이 있었다고 말한다.
우리가 이루어낸다면
우리는 평화로이 거기서 만날 수 있을 것이다.
…… 함께 머물고
꽃에 배우고
짐을 가볍게 해서 가라."
게리 스나이더의 〈아이들을 위하여〉중에서

지금, 우리 아이들이 무엇을 보고 배울까.

과학문명이 발달하면 할수록 집밖으로 대문 밖으로 나가는 기회와 공간이 줄어드는 아이들을 보면서 더더욱 자연 속에서 자라야할 우리 아이들이 아파트에, 시멘트공간에, 교실에 갇혀있는 것 같아서 마음이 아프다.

각박한 문명에 이미 익숙해진 세상은 점차 야생의 싱그러움을 잃어간다.

자연에 대한 예의를, 그 자유의 예절을 배우기도 전에 자연을 잃어버리고 있는 미래가 되어가고 있는 것은 아닐까. 미래 우리의 아이들이 계곡과 목장에서 만나기 위해서, 다시 말해 자연과 인간이 화해를 이루기 위해서는 공동체 의식과 자연에 대한 경외, 그리고 금욕적인 품위를 가지고 나아가야 한다. 푸른색과 초록 향, 그 자연의 의미가 완전히 소멸하기 전에 깨달아야 한다.

아름다운 산과 나무들은 과거와 현재에만 속해 있는 것이 아니라 미래에도 속해 있는 것이다. '현존하는 자연시인 중에서 가장 위대한 시인'이라고 격찬 받는 미국의 생태시인 게리 스나이더는 "땅에 대해서 배우고, 모든 동식물과 새들에게 머리를 끄덕여 아는 체 하고, 여울을 건너고, 산마루를 가로질러 가고, 그리고 집에 돌아와 즐거운 이야기를 나누라."고 요구한다.

자연과 이야기를 나누는 감각은 유아기 때 가장 민감하며 순수하다. 유아들은 생생한 경험을 어떠한 가감 없이 직방으로, 온몸으로 느끼고 표현한다. 주변에서 일어나는 사건이나 사물들을 통해 세상을 이해하게 되는 것이다.

세계에 대한 유아의 내적 호기심은 익숙하지 못한 사물이나 사건을 탐색하려는 흥미를 가지고 초기에는 자신의 감각을 활용하여 대상에 행동으로 접근한다. 그러다가 실제 사물과 상징 간에 관계를 짓고, 자신이 관찰한 것을 자신과 또래친구에게 말을 통하여 나누거나 신체적으로 표현하기도 한다.

이러한 과정을 거치면서 주변의 사물들을 특성, 크기, 색깔 등에 의해 비교하고 분류하는데 유아들은 한번에 한 가지 속성만 적용할 수 있다. 점점 더 많은 경험이 쌓이면서 보다 많은 표면적 특성을 알고, 보다 많은 사물들 간의 유사성과 차이점을 확인해갈 수 있게 된다.

이와 같이 주변 세계를 관찰하고 의문시하고 감각적으로 경험하고, 또 묘사하고 비교하는 과정을 통해 유아들은 수학적이면서 과학적 탐구 경험을 하게 된다. 이 때, 주변에 대한 호기심과 관심이 무엇보다 강하게 일어난다. 애벌레가 나비가 되는 과정과 씨를 뿌려 꽃이 피는 과정을 보면서 인과관계를 알고 싶은 욕구를 보인다. 구름이 생기는 이유와 풍선이 하늘로 올라가는 이유 등 반짝반짝 빛나는 때 묻지 않은 질문들을 쏟아낸다.

여기서 어른들의 역할이 중요하다. 유아들이 다양하게 자신의 아이디어를 탐색하고 표현할 수 있도록 용기를 북돋워주고, 풍부한 자료를 제공함으로써, 창의적인 탐구 활동이 지속 될 수 있도록 도와야 한다. 최소한 어른들의 편리함으로 만들어진 공간에서 아이들이 스스로 배우는 소중한 것들을 잃어가고 있지는 않는지 살펴야 한다.

산 위에 오를 때 코끝을 스치는 새벽바람, 금방이라도 또르르 소리를 내며 굴러 떨어질 듯 맺힌 꽃잎 위의 이슬방울, 그리고 꼬물거리는 애벌레를 아기 새의 입 속 가득 밀어 넣어주는 어미 새. 이런 것들을 보고 들을 때면 우리는 마치 사랑에 물든 듯 감미로운 간지러움 속으로 빠진다. 생명은 그 자체로 빛이 나기 때문이다. 덧붙이거나 덧대지 않은 있는 그대로의 자연 속에서 밭을 일구듯 삶을 일구는 의미를 가르쳐야 한다. 밭에서 막 따낸 퍼런 통고추를 된장에 푹 찍어 먹었을 때의 그 아작함과 풋풋함, 우리 아이들에게 그런 미래를 빼앗을 권리는 없다. 아이의 모든 감각을 세밀하게 일깨워주는 자연, 이는 아이에게 가장 좋은 교육의 장이다.

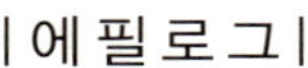

자연의 울림을 가슴에 품고

자연 속에서 자란 아이들은 '함께'를, '우리'를 안다.

우리 어릴 적 운동회의 기억은 지금도 추억이다.

솜사탕 장사, 설탕 띠기, 장난감 장사 등.......

그 운동장 한쪽 켠 돗자리에 자리 잡은 가족들을 찾아 나서는 중간 중간의 시간과 점심시간 등은 지금도 가슴 속에 하나 가득 즐거운 희열이다.

그런데 요즘 부모들에게는 하루 시간을 내어 아이와 함께해주는 배려가, 핵가족화와 바쁜 현대생활에 밀려서 조금씩 희미해지고 있음에 마음 아프다.

얼마 전 운동회 때의 일이다.

리라 팀 vs 자연 팀, 두 팀으로 열띤 경기가 진행되고 있었다.

자기 팀이 이미 경기흐름상 지고 있는 상황, 그 가운데 마지막 조가 열심히 달려오고 있었다. 그런데 그 아이의 다른 한손은 세 살짜리 동생의 손을 꼭

잡은 채였다. 저 혼자 달려도 이기지 못할 터인데 거기다 아장 걸음을 하는 동생의 손을 잡고 달리는 여섯 살 아이를 보고 장내 수백 명의 학부님들은 박수로 환호를 보냈다.

아! 바로 이것이구나. 나 혼자 이기는 것이 교육이 아닌 것을…….

관중석에서 엄마랑 함께 앉아있어야 할 나이의 어린 동생이 형을 보자 운동장 가운데로 달려 나오고, 경기의 이기고 짐과는 상관없이 그 동생의 손을 잡고 함께 달리는 모습.

그 아이는 자연 속에 있는 유치원 생활에서 이미 '함께' 라는, '더불어' 라는 소중한 인성교육까지 배운 것이다.

그 훈훈한 모습에 운동회를 준비하고 진행하는 사이 하루 종일 쌓였던 피곤함이 씻겼다. 그리고 얼마간 시간이 흐른 지금도 그날 그 아이의 모습을 생각하면 피로가 풀리고 뿌듯한 보람과 미래에 대한 희망이 보인다.

단어와 숫자를 무조건 외우는 교육 이전에 자연에서 개구리와 함께 달려보자. 물줄기를 따라 종이배를 띄워보고, 친구의 젖은 종이배를 다시 만들어보자.

쉬었다 살펴보고 함께 달리고 거두면서 배운 아이들의, 경쟁 아닌 건전한 성장의 아름다운 미래를 나는 감히 희망이라고 말한다.

자연 속에서 은근과 끈기도 배울 수 있다.

　어두운 긴 밤을 무섭다고도 표현하지만 그 밤은 다음날 햇빛을 기다리는 소중한 시간이기도 하다.

　5월 어버이날 즈음하여 어머니들이 아이와 함께 고구마 순을 심어 주신다. 어머니들이 심어준 그 고구마 순은 아이들 체험활동의 귀중한 재료가 된다.

　중간 중간 풀을 뽑아주고, 고구마 순을 뜯어다가 벗겨보고, 고구마 순 김치도 담가보고……. 관찰과 체험활동은 아이들 자라는 것 이상으로 활발하게 이루어진다. 유치원 밭이 바로 유치원 건물 옆에 있기 때문에 오며 가며 손쉽게 들를 수 있다. 심어놓고 다 자란 뒤에 가는 관상용이 아닌 실제 체험의 장이 되는 것이다.

　그 작은 고구마 순 한줄기가 저렇게 긴 넝쿨을 이루어가며 자라고 있다는 것! 이것만으로도 아이들은 자연의 놀라운 힘을 직방으로 보고 느끼게 된다. 그렇게 가을걷이를 맞이한다.

　땅속의 고구마를 수확하는 날!

　더 이상의 이론적인 공부는 필요 없으리라.

　"너희들의 기다림이란다, 자연의 힘이란다."라고 구태여 말해 주지 않아도 아이들의 입에서는, "이거 엄마랑 심었지요?", "더운 여름에도 땅속에서 기다렸지요?"하면서 그 시간을 거슬러 올라간다. 그게 자연의 섭리이고 우주의 원리라고 말해주지 않아도 된다.

가슴에 한아름 느끼게만!

마늘을 심을 때는 어른인 나도 더욱 감동한다.

이토록 작은 마늘 종자 한개가 그 긴 겨울 땅속에서 봄을 기다리며, 혹독한 추위와 비바람에도 오히려 자신을 더더욱 강하게 무장해가며 끈기로 이겨낸다. 그리고 봄바람 앞에선 은근하게 향까지 피워낸다.

교육도 운동도 사업도 굳은살이 박인 끈기 앞에서 더욱 큰 열매와 성공이 되어 기다린다는 자연의 순리를 알기에 나는 오늘도 끈기와 성공을 이야기한다. 역경과 고난의 어린 시절, 그리고 힘들었던 젊은 시절은 자연의 이치에 따라 더 나은 발전과 희망과 보람이라는 결실을 노래하고 있었다.

이러한 경험과 소신을 바탕으로 사춘기를 힘들어하는 청소년들에게, 아이 교육에 고민하는 어머니와 아버지들에게, 직장생활 속에서 비전을 꿈꾸는 사원들에게, 그리고 사업체를 이끌어가며 가정과 사회에서 리더로서 애쓰는 모든 분들에게 자신 있게 자연 속 풀잎 이야기를 전해줄 것이다.

미래를 여는 지식의 힘—

(주) 상상나무 :: 도서출판 상상예찬

http://www.smbooks.com Tel. 02-325-5191